노을
영광

붉노랑상사화

노을
영광

김희숙 글
정상윤 사진

리즈앤북
ries & book

작가의 말

익숙한 그러나 낯선

영광군에 다시 왔다. 글을 쓰기 위해 샅샅이 들추고 다니던 삼 년여나 그저 둘러보려고 찾은 오늘이나 풍경은 한결같고 무심하다. 한시랑뜰은 황금빛을 가득 채우고 법성포구의 칠면초는 단풍으로 물들었다. 노을길 하늘이 감홍빛을 보여줄 듯 말 듯 간질거리는 것도 변함없다. 영광군에 대한 수필을 쓰기 전과 전전긍긍하던 시기와 모든 글을 써낸 지금의 내 마음만 변화했다.

고향을 떠나고 강산이 네 번이나 바뀌었다. 어린 시절을 보냈고 부모님께서 오랫동안 사셨다. 일가친척들이 터를 잡고 벗들이 든든하게 지키고 있는 고장이다. 그동안 행사나 경조사에도 틈틈이 찾아왔으니, 그만하면 익숙한 곳이고 어느 정도는 알고 있다며 자부했다. 경험 문학인 수필로도 충분히 풀어낼 줄 알았다.

별을 올려다본다. 북극성을 먼저 찾고 북두칠성과 카시오페이아 자리도 눈으로 가늠하여 더듬는다. 별자리 몇 개 찾아내어

밤하늘을 안다고 말할 수 없듯이 영광군을 몇 군데 오갔다고 수필로 녹여내기는 쉽지 않았다. 오히려 가 본 곳보다는 발 딛지 않은 지역이 더 많았고 모르는 역사가 수두룩했다. 앎은 무지에 가까웠다. 파고들면 들수록 전혀 새로운 여행지였고, 생소하고 낯선 곳 투성이였다. 고향을 알리고 기록하는 글을 써 보자고 가볍게 시작한 글쓰기가 점차 버거움으로 변하더니 바위처럼 내리눌렀다. 나중에는 책임감으로 버티는 수밖에 없었다.

　발로 뛰었다. 글이 풀리지 않으면 무작정 차에 시동을 걸었다. 매간당 고택 문이 열리기 전부터 도착해 인기척 없는 툇마루에 앉아 있기도 네댓 번이다. 새청무쌀의 생태를 알아내려 채종포 단지를 훑고 농업기술센터를 방문했다. 뒤늦게 행사 소식을 들은 난장트기와 선유놀이는 날짜를 달력에 적어두고 다음 해까지 기다렸다. 읍, 면사무소나 군청 관계자들과 접촉하려고 전화번호 누른 횟수는 열 손가락으로 다 꼽지 못한다. 이방인 취급하며 인터뷰를 거절하거나 나중에 전화하겠다고 끊은 후 소식이 없어 팔다리에 힘이 빠진 경우도 부지기수고, 어렵게 약속 잡아 고속도로를 달려왔는데 자리를 비우거나 냉대에 마음 다치기도 예사였다. 생계에 도움되지 않고 귀찮은 일이라 그러려니 털어냈다.

　보고 듣는다고 알까. 한국전쟁 당시 빨치산에 당한 피해를 알아보기 위해 관련 문헌을 뒤적이고, 시중에 출간된 『간양록』을 보이는 대로 구입해 펼쳐두고 비교했으며, 원자력 세계사를 읽을 때는 방대한 양에 어지럼증까지 일었다. 생경한 e-모빌리티 개념 정리에는 여러 권의 책이 도움을 주었다. 다큐멘터리 영상으로 체험해 보지 않은 삶을 체득하였다. 용어 하나, 단어 하나를 이해하려고 강의를 듣는 것도 필수였다. 궁구하지 않으면 한 줄도 쓸 수가 없었다.

머릿속으로 들어온 소재는 이유가 있을 터이다. 대장간에서 사 온 조새를 책상 위에 올려놓고 날마다 눈을 맞췄고, 열매가 튼실한 보릿대를 뿌리까지 캐 와 손으로 만지고 쓰다듬으며 묻고 또 물었다. 물걸이새우 껍질을 까며 대화를 시도했다. 굴비의 사연을 놓칠세라 굽고 끓여 얼마나 자주 밥상에 올렸는지, 한동안 집 안에서 비린내가 가시지 않았다. 글감으로 다가와 반 년 이상 묵혀 지낸 S자메타세쿼이아길도 있고, 영광산림박물관 누름꽃은 처음 본 자리에서 얼개를 짜 일주일 만에 작품으로 만들었다. 영광군 땅 구석구석에서 들려오는 이야기에 귀 기울였다.

간절함으로 썼다. 단어와 장면과 말들이 조각조각 머릿속을 채우면 밤낮으로 '이 글을 쓰게 해주세요'라고 중얼거리며 다녔다. 영광군 글을 쓰기 시작하면서 불갑사에 매년 기도를 올렸고, 지는 해만 봐도 두 손 모아 고개를 숙였다. 여기에 실린 글들은, 보리 바람이 돕고 칠산 노을이 다독이고 불갑천이 적셔준 결과물이다. 간곡한 기도 덕분인지 다행히 문장이 손끝에서 쓰였으나 정말 내가 가진 능력만으로 썼다고 자신하지는 못한다.

타향에서 사노라면 어디선가 '영광'이라는 지명만 봐도 고개가 돌아가고, 귀에 익은 말투가 들리면 사투리가 따라 나온다. 하지만 익숙하다고 진짜로 아는 것이 아님을 깨닫는다. 누군가 자신이 사는 고장의 볼거리나 맛집을 물어봐도 주위를 자세히 살피지 않거나 눈길을 두지 않는 사람은 대답이 우물거려진다. 좀 더 깊게 들어가면 아예 자리를 피한다. 익숙하다 여기는 곳도 낯설게 보는 관심이 필요하다. 영광군은 여전히 익숙하지만 낯선 곳이다. 수필로 쓰면서 이 땅과 조금은 가까워졌으나 막연했던 친근함에 약간의 앎이 더해졌을 뿐이다.

다리를 뻗어 본다. 고향에 오면 언제나 마음이 편안하다. 이 맛에 나는 또 돌아올 것이다.

2025년 가을 저녁에 쓰다
김희숙

차례

004 - 작가의 말 _ 익숙한 그러나 낯선

1부 겨울

012 - 누름꽃
020 - 한시랑뜰
025 - 씨, 그 존재만으로
032 - 기러기 발에 달고 온 상소
038 - 물걸이
044 - 굴비
055 - 꿀쩍
061 - S의 行

2부 가을

070 - 집 아닌 집
077 - 동動
083 - 금왕, 단풍 갯벌에 들다
089 - 꽃잎은 이울고
095 - 우물의 기억
101 - 미尾
107 - 본디 그러한 대로
114 - 조새

3부 여름

124 - 노을종이 울릴 때
130 - 수신修身의 방
138 - 불갑천
145 - '차 한잔' 하라

154 - 빛을 빚다
160 - 해주
168 - 겉과 속
173 - 굄돌, 그 자리에

4부 봄

182 - 보리 바람
189 - 동백마을에 동백꽃이 피면
195 - 사람이 온다
204 - 영광풍경도
210 - 이글은 늙었다
215 - 선유船遊
222 - 한성마을 음화陰畫
236 - 향화도항

5부 삶

242 - 바다에 바닷물이 없네
248 - 소리자루
254 - 똑똑
260 - 막둥이 박
268 - 진짜 폼이 나야 한다
274 - 공달과 순금
281 - 붉은 땀
287 - 이발사 아들
294 - 잇다

300 - 부록 _ 영광군 수필 기행

1부

겨
울

누름꽃

　겨울 산은 묵직하다. 쌓인 눈 때문이 아니다. 겉옷 벗은 산은 생명을 키워낸 흙의 두께를 고스란히 드러낸다. 눈비 버티는 어깨에 육중한 바위까지 얹었다. 불갑산은 불가의 으뜸 고찰古刹을 품어서인지 더욱 무겁게 다가온다. 하중을 이기지 못한 산그림자는 저수지 밑으로 가라앉는다. 세상사 밥그릇 무게는 또 얼마나 엄중한지. 자신이 가진 온 힘을 쏟아 지탱한다. 때로는 지친 몸이 밥숟가락 들 기력조차 없을 때도 생긴다. 이럴 땐 힘 얻을 곳으로 길을 나서는 것도 방법이다.

　영광산림박물관으로 들어선다. 살던 터에서 벗어나 한없는 가벼움으로 꾸민 정원이 있다기에 찾아왔다. 서늘한 기운이 감도는 꽃밭이다. 흙 한 톨 없는 유리벽 안에 꽃들이 각기 다른 색을 뽐내고 있다. 가지 끝에 꽃송이를 매달거나 가지런히 빗어 내린 잔뿌리를 오롯이 내비친다. 입김을 불어넣는다면 금방이라도 오므린 꽃잎이 벌어져 하늘거리고 가느다란 잎줄기가 낭창거릴 듯 생생하다. 누름꽃이다. 댓잎이나 단풍잎을 문 창호지에 발라두던 어머니의 손길이다.

이곳 땅에서 자생하는 식물들로 이뤄졌다. 서릿발 선 흙덩이를 뚫은 변산바람꽃부터 살 에는 댑바람을 버텨낸 생강나무꽃, 푸름에 몫을 더하면서도 드러내지 않았던 매화말발도리, 거센 달구비를 헤치고 다음 계절을 불러온 붉노랑상사화, 가진 것을 훌훌 털어버릴 줄 아는 물억새, 아무리 매서운 추위도 때가 되면 물러간다는 희망을 품게 한 동백까지. 유리 정원에 100가지 꽃이 피었다. 한결같이 가장 절정의 순간을 잡아두어서인지 빛나고 어여쁘다. 꽃누르미를 더듬는 눈길 사이로 옛 기억이 줄을 선다.

청소년과학경시대회를 앞두고 식물 표본을 제출해 보자는 생물 선생님의 제안이었다. 그동안 나에게는 무릎 아래 초록인 것들은 그저 풀이었고, 머리 위까지 자라는 것은 뭉뚱그려 나무였다. 질경이, 토끼풀, 뱀딸기 등 어른들에게 귀동냥한 이름이 아는 것의 전부였다. 식물 나누는 기준이라야 소나 토끼가 잘 먹겠는가, 논밭에서 뽑아 없애야 할 잡초인가, 땔감으로 쓸 수 있는가의 여부였다. 학교 주변에서 자라는 풀과 야생화를 캐 오라는 선생님의 지시는 생경하면서도 호기심 반, 부담 반이었다.

호미로 캐고 삽으로 팠다. 잎사귀 귀퉁이가 찢어지거나 뿌리

줄기가 잘리면 안 되기에 한낱 풀들을 보물처럼 조심스럽게 다뤘다. 멋모르고 채집 후 헛짓을 했다가 뭉개지거나 생기가 없어져 버리기도 여러 번이다. 통통마디는 갯가에 무리로 자랐고, 유홍초는 감나무밭을 제집인 양 뻗어 나갔다. 둑에서 쇠뜨기를 파오고, 냇가에 떠다니는 마름을 건져 왔다. 뿌리에 묻은 흙 부스러기를 씻어내고, 신문지 사이사이에 끼워 넣는 작업을 되풀이하였다. 가벼워지기 위해서는 무거움의 도움이 절실했다. 교무실에서 전화번호부를 가져오고, 책장에서 두꺼운 책만 골라 와 신문지를 촘촘히 눌러주었다.

이삼일마다 새 신문지로 갈아주었다. 물기 빼내는 일은 식물에게만 필요한 것이 아니었다. 꽃누르미가 하나둘 완성되면서 스케치북에 생긴 모습대로 붙일 것인지, 초승달이나 타원형으로 예술품처럼 꾸밀 것인지 구상에 들어갔다. 그 과정에서 경시대회 짝이었던 남학생과 각자의 주장을 내세우며 자주 부딪쳤다. 함께하는 일일수록 자신만이 옳다는 아집을 덜어내야 한다. 바짝 마른 잎사귀가 바스러지지 않도록 붙이고, 사전에서 이름을 찾아주며 이야기 나누는 횟수가 잦아졌다. 다른 이의 말에 귀 기울이고 양보해야 한다는 것도 배우며 의견을 조율해 나갔다. 부담을 나눠서인지 자신감도 얻었다. 두툼한 식물 표본집을 우편으로 보낼 적엔 남학생과 손바닥이 아프도록 마주쳤다. 풀숲을 지날 때 고개 숙여

영광산림박물관 압화

헤집어 보는 습관이 생긴 것도 그 즈음이다.

　우연히 찾은 네잎클로버는 책갈피에 끼워 둔다. 잊고 지내다가 빛바랜 사진과 함께 발견되기도 한다. 젊은 남자의 검게 그을린 낯빛은 웃음기가 없었고, 꽃무늬 원피스를 입은 여인의 배는 터질 듯 불룩하였다. 두 분 사이에 검정고무신 신은 여자아이가 화환을 목에 건 채 상장을 가슴 앞에 들고 있는 사진이 책갈피에서 불쑥 떨어지던 날, 나는 시간이 멈춘 누름꽃 뭉치를 떠올렸다. 초등학교 졸업 사진이었다. 몇 년 뒤, 남자의 갑작스러운 부음은 가족들을 당황시켰다. 가장이 하루아침에 먼 길을 떠났으니 마루에 차린 제단은 볼품이 없었다. 동네 어른들은 졸업 사진에서 남자의 얼굴만 잘라 사진관으로 가져갔다. 눈빛은 형형하고 눈가에 주름 하나 없는데 무엇이 그토록 그를 짓눌렀을까. 도시로 떠난 형들 대신 발목을 붙들어 맨 논밭을 외면한 채 물가 낚시터만 맴돌았다. 해가 지나도 나아지지 않던 살림살이에 삶의 의지마저 접고 말았나 보다. 고만고만한 어린 자식들을 두고 사각틀 속의 누름꽃이 되어 검은 띠를 둘렀다.

사진으로 시간을 새긴다. 복지관이나 관공서에서 홀로 사는 어르신들의 영정사진 찍어드리는 기부활동이 종종 있다. '영정사진'이라는 말은 거부감이 든다며 언젠가부터 장수를 기원하는 '장수사진'으로 불린다. 장수사진은 만수무강을 바라는 의미도 있지만 또 다른 생의 기록이기도 하다. 머리를 다듬고 간단한 메이크업을 해드리면 어르신들은 어색해 하면서도 설레어 한다. 수의와 관도 준비해 두었다는 말을 넌지시 뱉는다. 하지만 막상 의자에 앉으면 온몸이 뻣뻣하게 굳어진다. 카메라를 마주하며 생의 끝자락을 떠올리는지도 모른다. 노련한 사진사는 꾹꾹 눌러대는 셔터의 압박을 알기에 테스트 촬영부터 우스갯소리를 곁들이고 본 촬영에서는 칭찬을 남발한다. 가벼운 농으로 무거워진 기분을 누른다. 어느 순간 긴장 풀린 입가로 살포시 미소가 번진다. 마지막 숙제를 해결한 양 홀가분한 표정을 짓는다. 죽음을 의연하게 받아들이겠다는 뜻이리라. 인화된 사진들은 저마다의 누름꽃으로 당당하게 내걸린다.

유리 상자 안 꽃누르미를 바라본다. 땅심으로 자라던 생명들이다. 흙을 떠나니 향내를 맡을 수도 손 내밀어 만질 수도 없다. 새순 돋아 잎을 키우고 단풍 들고 떨어지던 잎맥도 새들하고 씨앗을 품어야 하는 꽃술의 의무도 사라졌다. 피돌기가 멈춘 누름꽃은 과연 삶의 버거운 짐을 내려놓았을까. 피해야 할 비바람도 귀찮게 굴던 벌레도 없는 곳에서 자유는 얻었는지.

문득, 미동 없는 꽃가지에서 환청처럼 울림이 전해진다. 언젠가 한 줌의 재로 가벼워질 존재들 아닌가. 너무 무거워 말고 그냥 살라 한다. 생이란 사소한 일상의 반복과 밥벌이 무게 사이를 오가는 줄타기라고. 문밖에서 눈바람 냄새가 난다. 곧 잔 눈발이 날릴 낌새다. 발이 묶이기 전에 두고 온 터전으로 돌아가야겠다.

제1회 신격호사롯데문학상 수필(피천득) 부문 최우수상
〈문학人신문〉 2025년 1월 9일
《부산수필과비평》 2025, 제21호

한시랑뜰의 사계

한시랑뜰

 어느 미술가의 작품일까. 도화지 여러 장을 퍼즐 맞추듯 땅 위에 늘어놓아 거대한 얼굴 하나 만들었다. 낯바닥이 밤새 두꺼운 분단장을 했는지 경극 배우처럼 뽀얗게 두툼하다. 머리 꼭대기에는 눈가루를 잔뜩 덮어쓰고 있다. 짙은 눈썹은 색종이를 붙이다 심술을 부렸는지 가지런하지 않고 엇갈리게 놓았다. 후덕한 턱선 아래로 아낙의 스카프인 양 검푸른 하천이 둥글게 휘감아 돈다. 귓등 너머로 가로등 불빛에 백제불교 최초 도래지 불상이 반짝인다.

 전라도 영광에 폭설이 내렸다는 소식을 듣고 세 명의 사진사가 의기투합했다. 법성포 대덕산에 올라 눈 쌓인 한시랑뜰을 배경으로 물돌이 사진을 찍어 보자는 목적이다. 발자국 없는 풍경을 위해 새벽에 출발했다. 도착하고 보니 아직 밤기운은 남아 있고, 전날 녹았던 눈이 영하의 기온 때문에 빙판길이 되었다. 삼백 미터의 높지 않은 산이지만 오르막길은 경사가 심해 가파르다. 아이

젠까지 차고 올랐으나 가풀막진 오솔길은 숨이 가쁘다. 동네가 뒤로 물러설수록 괜한 두려움이 밀려온다.

첫 번째 사진 포인트는 갈모바위다. 벼랑 끝에 서면 아래에서 불어오는 칼바람이 매서워 온몸이 저절로 움츠러진다. 여기서는 한시랑뜰의 반듯한 모양새가 왜곡되어 나타난다. 물돌이 반원형도 비틀린다. 좀 더 오르면 무덤 앞자리가 나온다. 사진 찍는 이들이 선호하는 지점이다. 남들과 다른 각도의 사진을 담고 싶은 사람은 정상까지 간다. 전망대서 내려다보면 여인의 얼굴처럼 생긴 한시랑뜰이 파노라마로 펼쳐진다.

태초의 땅은 아니었다. 간척 사업으로 갯벌에 석축을 쌓아 조각보 잇대듯 새 흙을 메운 땅이다. 바다에 떠 있던 소드랑 섬은 나지막한 야산이 되었다. 갯벌과 완전히 섞이지 않은 땅에 물을 대어 어린 모를 키워낼 때는 부대낌도 있었으리라. 산자락을 휘돌아 메우다 보니 자연스럽게 물돌이 천이 만들어졌다. 초여름 무논에 석양이 어리면 봉선화 꽃물처럼 물들이고, 가을이 익어 가면 황금 바둑판이 정갈하게 놓인다. 한겨울에는 하얀 눈꽃 이불을 펼쳐 세상의 허물을 덮는다.

서쪽으로 향한 땅이라 아침 햇살은 여느 곳보다 늦게 비친다. 법성포구의 가로등도 꺼진 지 오래인데 어둠은 쉽게 가시지 않는다. 설상가상으로 잿빛 구름까지 지상 가까이 내려와 뒤덮었다. 빛나는 일출 광경을 담으리라는 부푼 기대로 달려왔건만 좋은 사진은 하늘이 도와야 한다는 말만 머릿속에서 맴돈다. 그림 같은 사진이라면 밀물 때 물돌이동의 물이 가득 채워지고 파란 하늘을 배경으로 흰 구름 몇 조각 떠 있으며 뜨는 해의 붉은빛은 진해야 한다. 사진이나 삶이나 마음먹은 대로 되지 않는 것이 인생이듯 출사를 나가면 실패하기가 부지기수다. 같은 장소에 수없이 찾아가고 때를 기다리며 노력해 볼 수밖에.

얼어 가는 손발을 비비며 세 시간을 버텼다. 그만 내려가자며 포기하려는 순간, 맞은편 구수산 위로 약간의 빛이 어린다. 쌓여 있던 눈의 백색에 태양의 빛이 흡수되어 마치 흰 바위에 엷은 분홍물이 스미는 것 같다. 붓질이라도 지나가는지 불그레한 빛이 산등성이를 따라 서서히 번지더니 어느새 도래지 부처님 머리 위까지 도달한다. 여기저기서 탄성이 터진다. 가슴은 쿵쾅거리는데 언제 그랬냐는 듯 불과 5분 남짓의 빛 내림을 끝으로 구름문이 재빠르게 닫힌다. 한숨이 저절로 새어 나온다. 인간사 이렇게 짧은 찰나의 행복 때문에 아등바등 애쓰며 살아가는가 보다.

내려오는 길에 한시랑뜰을 품고 있는 법성포 마을에 들렀다. 그곳에서는 명성만큼이나 굴비를 주렴처럼 집집마다 걸어두었다. 대롱대롱 매달린 수백 개의 눈알들이 나란히 멀뚱거린다. 내가 그들을 바라보는 것인지 덕장의 굴비들이 지나는 나를 구경하는 것인지 헛갈린다. 제주나 목포에서 온 조기들은 짠 소금 맞으며 뒤섞이고 세 가닥 끈에 엮이는 동안 한통속이 되었다. 출생지가 다르다는 이유로 차별이나 다툼 따윈 없다.

　새벽의 조기 공판장이 분주하다. 잽싼 주름투성이 손 사이로 주섬주섬 더딘 손놀림 하나가 보인다. 베트남에서 시집왔다는 타국 여성이다. 잠든 아이를 남겨 두고 가로등 불빛 따라 나섰을 그녀가 애잔한 미소를 짓는다. 둘러보니 여자들이 엮어 놓은 조기를 손수레로 나르는 이들도 외국인 남자들이다. 이제 이곳도 외국에서 찾아온 일손이 아니면 일이 진행되지 않는다. 그들 역시 간척지의 북돋운 흙처럼 우리에게 새 흙 역할을 하는 사람들이지 않을까. 딴 흙이 옮겨 온 땅에서 뿌리내리듯이 삶을 단단하게 다져 나가고 있는 중이리라.

　한시랑뜰은 땅으로 변신을 했으나 여전히 바다 영역 안이다. 만조 때에는 하천물이 들판까지 넘어올 것처럼 넘실거린다. 농사꾼의 벼논은 위태로워 보이나, 묶여 있던 포구의 고깃배들은 자유를 찾는다. 완전한 육지도 못되고 갯벌의 끝자락도 아니지만, 양쪽을 맞대어 조화로운 생을 일군다. 썰물이 되면 하천변으로 울룩불룩한 갯고랑이 드러난다. 인부들의 굵은 힘줄이 내돋치는 팔목을 닮았다. 갯골의 거친 힘줄이 그물망이 되어 들녘의 흙을 감싸 안았다. 한시랑뜰과 갯골은 그렇게 서로를 의지하며 한쪽으로 기울어지지 않는 삶을 지탱하고 있다.

　와탄천이 돌고 돌아 바다의 품에 안긴다. 바다 초입에 영광대교가 떡하니 버티고 있다. 마치 이곳이 처음부터 사람 사는 곳도 농사짓는 땅도 아니었다며 무심히 뱉었을 차별의 말들을 바다로 흘려보내고 있는지도 모른다. 한시랑뜰에서 겪었을 상처들을 보듬기 위해 백제불교 최초 도래지 부처님이 영광대교를 바라보며 서 계시는 것은 아닌지. 인도에서 낯선 이 나라까지 들어와 계신 깊은 뜻이라 짐작해 본다.

　갑자기 샛바람이 몰아치기 시작한다. 인부들은 더 많은 눈이 내리기 전에 작업을 마쳐야 한다며 일의 속도를 낸다. 한시랑뜰에 또다시 소나기눈이 내린다.

수필집 『쪽항아리』

씨, 그 존재만으로

올해도 새로 산 양초의 심지를 세웁니다. 성냥불이 닿자 불씨가 일며 자신을 녹이는 본성이 깨어납니다. 노란빛이 놋그릇에 일렁이며 어둠을 구석으로 밉니다. 연약한 뜨거움은 인간에게 해를 끼치지 못하나 감성을 자극하고 생각을 끌어냅니다. 은은한 단향과 구수한 냄새 풍기는 밥까지 지원에 나서면 당신을 맞을 준비가 끝납니다. 물 잔과 밥솥만 놓인 간소한 제상祭床이지만 당신은 해마다 기꺼운 마음으로 찾아오리라 믿고 있습니다. 문틈으로 들어온 바람이 불꽃을 키워 제사의 시작을 알립니다.

제가 당신을 부르는 호칭은 '외할아버지'입니다. 뵌 적 없고 존함 외에 아는 것이 없습니다. 어릴 적, 명절이나 기일에 제 어머니께서 아버지 눈치 봐 가며 안방이 아닌 작은방에 제상을 차렸다는 것만 기억납니다. 그나마도 아버지의 술이 과한 날에는 부엌 한편에 밥그릇과 물대접만 덩그러니 놓여 있었습니다. 동네 사람들은 어머니를 '유복녀'라 불렀습니다. 어머니가 외할머니 태중에 있을 때 당신이 먼 길을 떠났기 때문입니다. 어머니께서 장독대 뒤에서 눈물 훔치는 날이면 그제야 당신의 제삿날인 줄 알아챘습니다.

1950년, 당신은 스무 살이었습니다. 일제강점기에서 벗어난 직후 우리 땅은 빈터와 같았습니다. 정부도 국민도 자리 잡지 못한 혼란의 시기였습니다. 좌우 이념이 각자의 씨앗을 퍼뜨리려 안간힘을 쓰던 때라, 나라를 주인 없는 밭으로 착각한 이들이 가만히 놔두질 않았습니다. 급기야 사상의 씨앗 뿌리기는 전쟁까지 불러왔습니다. 영광군은 한국전쟁 발발 전부터 이데올로기 갈등이 유독 심한 지역 중 하나였습니다. 지리산으로 들어가지 못한 빨치산이 이 고을로 모여들면서 옹호하는 쪽과 배척하는 사람들 사이 감정의 골이 깊었습니다. 바닷가에 은둔하기 좋은 높은 산이 있고, 여차하면 바다를 통해 북으로 갈 수 있다는 이점 때문에 유엔군의 인천상륙작전으로 퇴로가 끊긴 인민군 잔당들까지 합세하였습니다. 그래서인지 다른 곳보다 군경의 수복이 늦어졌습니다. 침략 기간이 길어지는 만큼 민간인들의 희생은 커지는 법입니다.

밤에는 빨치산이, 낮에는 군경이 들어와 상대의 씨를 뽑으려 갖은 방법을 동원하였습니다. 생명은 본능적으로 살 궁리부터 하기 마련입니다. 그러나 전쟁은 어둠과 밝음 중 무엇이 먼저인지,

밤손님을 따라가야 하는지 낮손님에게 협조해야 하는지 선택을 강요하였습니다. 그 끝에 다다르면 1인 독재체제로 들어간다거나 군부의 탄압이 극심해지는 세상이 기다리는 줄도 모르면서 말입니다. 모두가 발을 땅에 닿지 못하고 황소바람에 휩쓸려 다니는 민들레씨 신세였습니다. 당신도 좌든 우든 가정 꾸리고 자손을 번성시킬 방향으로 몸을 틀었겠지요.

그해 겨울, 동갑내기 부인은 해산을 앞두었습니다. 초음파 기계가 없던 시절이니 성별은 몰랐을 테고, 당연히 아기 머리와 손가락 발가락 사진을 보거나 심장 뛰는 소리를 제대로 들을 수 없었겠지요. 그저 울룩불룩 움직이는 태동을 손으로 느끼며 하루하루를 꼽았을 겁니다. 당신은 어떤 아버지를 꿈꾸었습니까. '씨도둑은 못한다'는 말처럼 당신 닮은 다부진 어깨에 숱 많은 머리카락 가진 사내아이를 기다렸을까요. 서글서글한 눈매를 빼닮은 모습으로 방실거리는 딸을 상상하셨나요. 자식을 품에 안았더라면 분명 다정다감한 분이지 않았을까 그려 봅니다. 잔가시라도 목에 들어갈까 봐 조기 살을 조심스럽게 발라 밥숟가락에 얹어 주고 앙증맞은 발로 걷는 것조차 아까워 목말 태워 다녔을 테지요. 조잘대는 아이의 웃음을 굳건히 지켜주고 싶은 마음이었을 겁니다. 세월이 더 흘러, 당신의 책 읽는 습관을 내림한 손자손녀에게 여느 할아버지들처럼 한 번 안아보려고 온갖 비위를 맞추거나 자전거 뒤에 아이를 싣고 논둑길을 달렸을지도 모릅니다.

씨를 말려라! 인천상륙작전 직전, 적을 속이기 위해 군산으로 유엔군이 들어왔고, 잘못된 정보인 줄 모르는 군민들은 환영식을 열었습니다. 이후 외국 병사 몇이 지나갔을 뿐 여전히 빨치산 치하가 지속되었습니다. 그 자리에 참석한 이들의 씨앗 한 톨도 남기지 말라는 북의 지령이 내려졌습니다. 누구 하나의 이름이 뜨면 씨, 그 존재만으로 젖먹이부터 노인까지 일가친척을 모조리 잡아갔습니다. 보복의 씨를 없앤다는 어처구니없는 이유로 말입니다. 그들 편에 서지 않았던 당신도 포함되었습니다. 저승길로 끌려가면서 뱃속의 씨앗을 지키려는 당신의 노력을 감히 떠올릴 수 없습니다. 얼마나 몸서리쳐지는 상황이었기에 외할머니께서는 돌아가시는 순간까지 허공에 뒷욕을 해댈 뿐 그날에 대해선 굳게 입을 닫으셨습니다.

당신은 보았습니까. 스승이었던 자가 학생을 끌고 와 칼로 찌른 후 밭고랑에 처박고, 다른 아이들에게 돌을 던지라고 윽박지

르는 광경을. 겁에 질려 벌벌 떠는 어린애의 목에 돌을 매달아 바다로 던지는 참상을. 성별과 나이를 불문하고 능지처참, 척살, 참살, 수장, 생매장, 총살, 구타 등 별의별 수단으로 죽임당한 이들을. 야월교회 기독교인순교기념관에는 처참한 현장이 지금도 기록되어 있습니다.

당신은 알고 계셨나요. 공보처 통계국이 1952년 펴낸 『6·25사변 피살자 명부』에 의하면 전체의 칠십 퍼센트가 전라남도 사람들이고, 그 절반에 가까운 이 만 천여 명이 영광군 주민입니다. 이십 세 미만과 여성 희생자가 제일 많은 것도, 일가족이 학살되었음을 의미합니다. 군경에 의한 피해까지 합치면 민간인 사망자는 삼 만 명이 넘습니다. 영광군이 한국전쟁 최악의 킬링필드였다는 사실을 그동안 세상은 모르고 지나왔습니다. 그저 피해를 크게 입은 고장 정도로만 알려졌습니다. 외할머니처럼 빨리 잊기 위해 말을 아끼거나 증언해 줄 핏줄 하나 남아 있지 않아서였겠지요.

야월교회
기독교인순교기념관

천운으로 살아남은 씨가 잎을 내고 뿌리내리기까지 삶은 어찌나 엄혹한지요. 홀로 남겨진 여인에게 '청상靑孀'이라며 수군댔고, 아버지 얼굴 한 번 보지 못한 아이에겐 '애비 잡아먹고 태어난 자식'이라는 굴레가 씌워졌습니다. 젊은 어미는 애꿎은 밭을 갈아엎으며 청춘을 보냈습니다. 당신이 지켜낸 씨앗은 건실하게 자라 또 다른 씨들을 키워내며 세대를 이었습니다.

제상 차릴 때마다 늘 의문이 들곤 합니다. 옛말에 '농부는 굶어 죽어도 씨앗은 베고 죽는다'고 하였습니다. 아무리 배가 고파 죽을지언정 농사시을 종자만은 미래를 위해 남겨 둔다는데, 삶의 터전인 마을을 불태워 없애고 가문의 대를 끊어낸 살의殺意는 어디에서 왔을까요. 사람의 존엄 위에 놓인 이념은 누구를 위한 것이었고, 생명보다 귀한 것이 무엇이었을까요. 답을 구하려 책을 뒤적이고 학식 높은 분들의 말에 귀 기울여 보지만, 미욱한 저는 촛불이 바닥에 닿아 가물거리도록 정답을 얻지 못하고 있습니다. 앞으로도 오랜 시간이 필요할 듯합니다. 하여, 내년에는 좀 더 단단하고 긴 초를 꽂으렵니다.

어느새 꼿꼿하던 향은 재가 되었고, 훈기가 사라진 밥은 꾸덕꾸덕 말라 갑니다. 촛대의 불씨마저 사그라들었네요. 이제 당신을 보내 드려야겠습니다. 부디 옛일은 잊고 편히 가십시오.

《선選수필》 2025, 여름호

국군과 UN군의 영광읍 진입을 환영하는 기독교인들의 환영행진
1950년 9월 29일

국군과 UN군의 진입을 환영하는 기독교인들의 환영행진

기러기 발에 달고 온 상소

청동상이 눈[雪] 솔을 걸쳤다. 골짝 바람이 휘돌 때마다 눈송이들이 분가루 날리듯 흩어졌다 쌓이길 반복한다. 무엇이든 두툼하게 덮으면 따스한 기운이 돌기 마련인데, 목덜미와 어깨와 무릎으로 냉기가 흐른다. 녹아내린 물기는 몸체에 스며들지 못하고 서릿발처럼 얼어붙는다. 눈 많은 영광 고을이라지만 입춘 지난 지 한참인데 며칠째 폭설이다. 계절이 순환에서 어긋나면 만물은 시련을 겪는다. 땅 밖으로 고개 내밀려던 풀싹과 겨울잠에서 깨어나던 곤충들이 갑자기 쏟아지는 봄눈의 기세에 눌려 한껏 움츠리겠다.

내산서원 입구, 수은 강항姜沆 선생 동상을 할퀴고 가는 눈보라 사이로 조선과 선생에게 닥쳤던 국난을 떠올린다. 일본은 임진년에 조선을 침략했다가 물러간 후 정유년에 또다시 바다를 건너왔다. 조선은 왜란의 매서운 칼바람을 견뎌낸 뒤라 짓밟히고 부서진 나라를 추스르기도 힘겨운 시기였다. 왜군은 임진왜란 때 점령하지 못한 전라도를 침탈하기 위해 육로를 택해 몰려들었고, 빈 땅을 갈아엎기 시작한 백성들의 앞날을 무참하게 묻었다. 남도 지방에 날강도들의 발길이 닿지 않은 곳이 없었다. 그 와중에 관료였던 수은 선생도 왜적의 포로가 되었다.

밧줄에 묶인 몸은 으스러진 손목과 종아리의 상처가 곪아 터져도 어찌할 수 없었고, 어린 자식들이 살려달라며 울부짖는 소리를 듣고도 구하지 못했다. 두들겨 맞으면서도 왜장의 요구에 저항하다 굶어 죽었다는 둘째 부인의 소식까지 들려왔다. 살아 있는 하루하루가 말로 다 형언할 수 없는 생지옥이었다. 껍질 까지 않은 곡식에 모래알이 절반이나 섞여 구린내 진동하는 밥을 씹으면서 인간의 한계는 어디까지인가 싶어 목이 메었다.

적국에 갇힌 신세는 죽음도 마음대로 선택할 수 없었고, 탈출 또한 번번이 무산되었다. 선생은 한 치 앞이 보이지 않는 생활 속에서도 고국을 위해 할 수 있는 일을 궁리하였다. 첩자는 아니지만 기밀이 될 만한 정보를 수집하여 고국으로 보낸다면 왜적을 막아내는데 도움이 될 것이라 여겼다. 한 발자국도 마음대로 옮기지 못하는 입장이었으나, 조선 관료로서의 본분을 지키려는 간절한 충심이 없던 길을 내었고 인연을 불러들였다.

감시가 느슨한 틈을 타 일본에서 보고 들은 것들을 기록했다. 선생의 학식과 인품에 반한 일본인들은 무엇이든 도와주려 했고, 질문마다 소상하게 대답해 주었다. 왜인의 양해를 얻어 서책 속의 정보들을 그 자리에서 베끼기도 하고 혹은 기억해 두었다가 집으로 돌아와 그날그날 밤새도록 정리하였다. 상대의 국력을 가늠할 수 있는 고을의 숫자, 논밭의 면적, 남녀 인구수, 임진왜란과 정유재란에 조선으로 쳐들어온 적장들의 명단과 무사武士 제도, 일본 지도 등 전략상 중요한 자료를 구하였다.

학자로서 평생 글 읽는 것을 자부하던 선생이었다. 비록 억류된 처지였으나 곧은 선비 정신만은 꺾이지 않았다. 첩보를 모아 직는 네 그지지 않고, 쓴소리도 거침없이 첨부하였다. 왜국과 비교하여 조선의 인사정책을 비판하고, 국방정책의 허점을 꼼꼼하게 짚었으며 개선책을 제시하였다. 우리나라 성곽에 대한 보완책도 건의하고, 왜병의 실태를 소상하게 설명하였다. 선생이 제일 관심을 둔 것은 지리와 풍물이었다. 병법서에 '지피지기면 백전백승'이라 했다. 왜국의 침략을 막아내고 그들과의 전쟁에서 이기려면 먼저 적의 지리와 사정을 알아야 한다고 생각했다. 틈틈이 모은 자료를 아무도 몰래 정리하고, 만약을 대비하여 상소문上疏文 세 부를 필사해 두었다.

갖은 방법을 동원해 서신을 고국으로 보냈다. 먼저 잡혀 와 있던 이가 조선으로 돌아간다는 소문을 듣자 찾아가 자초지종을 얘기하고 서신 한 부를 건네주었다. 고국에 돌아가거든 조정에 꼭

내산서원 수은 강항 선생 동상

전해 줄 것을 간곡하게 부탁하였다. 첫 번째 애씀이었다. 두 번째는 명나라 차관에게 왜국에서 풀려나도록 도와달라며 간청했다. 그들이 동정의 빛을 보이며 진솔하게 나오자, 또다시 한 부를 조선의 궁궐에 전달해 주도록 곡진하게 청하였다. 마지막 한 부도 억류 상태에서 풀려나 떠나는 이에게 같은 주문을 하고 말겼다. 선생이 보낸 서한 중에서 명나라 사신에게 들려 보낸 것만 조선 조정으로 들어갔다.

적국에서 온 상소는 한바탕 진위 논란이 벌어졌다. 선생의 절의를 폄훼하는 권신들 방해 때문에 임금에게 전달되지 못할 위기도 있었다.

기러기 운중雲中에 날아오며
기럭기럭 우는 소리 슬프구나
발에 백서 하나를 달고 왔는데
누구의 글월이냐 물어봤더니
…(중략)…
세상일은 어찌 그리 험하기만 하는지.

그때의 과정을 오래된 친구가 시로 지어 남겼다. 벗은 선생의 글재주를 칭송하면서도 고초를 당하는 불운을 애석해 했다. 선조 임금은 비밀 보고서를 받아 읽고 크게 기뻐하며, 대신들과 각 지방의 장군들에게 돌려보게 하였다. 억류된 자가 한 번 보내기도 쉽지 않은 서찰을 세 번씩이나 시도한 의기에 모두가 머리를 숙였을 것이다.

끌려간 조선인 중에는 귀국을 포기하고 왜인의 풍속에 동화되어 정착하는 이들도 적지 않았다. 그러나 선생은 촌각을 다투는 탈주 상황에서도 조선을 침략하고 살육을 일삼는 왜놈들의 성문에 대자보를 붙여 경고하였고, 도요토미 히데요시 시신을 묻고 보란 듯이 지은 교토의 황금전에 욕설을 써넣어 무모하지만 통쾌한 용기를 보여주었다. 조선인의 코무덤을 보았을 때는 피가 거꾸로 솟았다. 제문에 죽은 도요토미 히데요시를 빗대어 '큰 뱀이 소금에 절여 악취가 풍긴다'며 야유를 퍼부어 죽은 영혼들을 위무하였다. 꼿꼿한 선비 기질은 죽지 못해 사는 처지에서도 왜인들의 잘못을 그냥 넘기지 못하고 꼬집어주었다. 목숨을 구걸하기 위해 비굴한 적이 없었으며, 언제나 그들 앞에서 당당하였다.

선생을 움직이게 했고 절개를 변함없이 지키게 한 의기는 어디에서 왔는가. 선비는 '사물의 이치를 궁구하고 뜻을 정성스레 하고 마음을 바로 하는 공부를 하여 임금을 받들고 백성을 감싸 보호하는 것이 임무'라 여겼다. 유학의 이념인 충절을 몸소 행하였기에 속박당한 신분에서도 자신만의 역할을 찾아내었을 것이다. 선생이 쓴 상소는 조선인들에게 복수를 잊지 말자며 띄우는 격문이었으며, 고국을 그리워하는 연서였고, 절망적 시간을 버티게 한 희망의 끈이었다. 『간양록』에 실려 전해지는 「적중봉소賊中封疎」는 후세에게 실천의 경종이 되어준다.

여전히 눈발이 거세어 사위가 흐릿하다. 동상 책장 위로 분패 친 눈더미가 쌓인다. 기세등등한 춘설이다. 하지만 세상은 안다. 눈바람이 곧 뒤꽁무니를 뺴리라는 것을. 조선을 집어삼키려 몰려들었던 왜군이 결국엔 물러간 것처럼.

1부 겨울

물걸이

'물걸이'라는 말을 들어보셨나요? 문걸이가 아닙니다. 물거리도 아니고요. 처음 듣는다고요? 아마 이 말을 아는 분이 드물지 싶네요. 작가라서 문학적 용어로 새로 만든 것도 아니랍니다. 물론 국어사전에 등재되어 있지 않습니다. 인터넷 검색창에 '물걸이'라고 입력하면 '문걸이로 검색하시겠습니까' 또는 '물갈이를 찾나요'라며 되묻죠. 요즘 AI가 못 찾는 단어도 있습디다. 실은, 제 고향에서 예전부터 써 왔고 지금도 살아 있는 말이에요. 영광군에 처가를 둔 모 교수가 '물걸이 무침'이라는 칼럼으로 발표하지 않았더라면 단어의 실체를 알려드릴 길이 없었겠어요.

식재료인 줄 눈치챘나요. 칠산바다를 낀 고을에서 날 것으로 무쳐 먹는 생새우를 '물걸이'라 부른답니다. 말의 유래를 알 수 없지만, 어부들이 그물을 끌어올릴 때면 바닷물이 같이 길어 올려지는 것처럼 묵직함을 느껴서이거나 짠 기를 걸러내고 밍밍한 육질을 지녀서일지도 모릅니다. 여하튼 명칭에서 바다의 활기가 전해지는 듯하죠. 대부분 중하仲蝦 새우를 말해요. '백새우'라는 다른 이름도 있어요. 엄밀히 따져 몸체에 붉은 빛을 띤 녀석을 물걸이로 칭하는데, 보통은 크기와 생김새가 비슷하여 중하를 뭉뚱그려 부르기도 해요. 일본인들은 '시바새우'라고 부른다죠. 그들이 고급 새우로 여겨서 잡히는 대로 사 가는 바람에 정작 우리나라에서는 맛보기 어려운 시절도 있었답니다.

동해의 횟집에선 접시에 생선살을 가지런히 올리잖아요. 탱글탱글한 살점을 씹으며 물고기가 지나온 물살과 부딪쳐 오던 파도를 맛에서 더듬곤 하죠. 서쪽 바닷가 사람들은 소나 닭, 병어, 가자미, 꽃게, 동죽조개, 굴 등 육지에서 키웠든 바다에서 잡았든 싱싱한 먹거리가 생기면 갖가지 야채를 썰어 넣고 식초를 강하게 뿌려 새콤달콤 뻘겋게 무쳐냅니다. 남도 상차림에 회무침이 빠지면 섭섭하죠. 서해 갯벌은 강줄기 따라온 것들을 끌어안잖아요. 그곳에서는 생이 섞이면서 죽고, 죽음이 다른 생을 키웁니다. 받아들이고 합쳐지는 광경에 익숙해서일까요. 음식도 한 곳에 넣고 버무려 서로 녹아내야 손이 더 간답니다. 물걸이도 역시 무쳐야 제격이죠. 그러나 갯가에 산다고 누구나 생새우무침을 먹을 수는 없답니다. 새우는 바다를 떠나는 순간부터 급격하게 흐물흐물해지니까요. 새우잡이 배가 들어오는 시간에 맞춰 포구로 달려가는 수고로움을 더해야 얻을 수 있어요.

생새우 껍질부터 벗겨 볼까요. 껍질이 얇아 내장과 실핏줄까지 내비칩니다. 안을 고스란히 드러내는 껍질이 육지에선 비효율적으로 보입니다만, 물속에서는 바다와 하나가 되어 살아남기에 유용했을 겁니다. 세상 안팎을 소통하는 유리창처럼요. 투명한 것들은 대체로 무해합니다. 갓 잡아 온 새우가 웅크렸다고 만만하게 보면 아니 됩니다. 부드러운 막쯤이야 쉽게 뜯어지겠지 얕잡으면 더욱 오산이죠. 불에 익은 새우는 삶의 의지가 사라졌으나 물걸이는 생기 품은 몸뚱이잖아요. 어느 생生인들 생살을 덜컥 내어주겠습니까. 얄팍한 껍질이지만 속살을 악착같이 껴안습니다. 껍질의 단단한 저항에 부딪히면 벗겨내기를 포기합니다. 까슬한 수염 쪽만 떼어내고 통째로 무쳐도 상관없어요.

탕수육을 먹을 때 찍먹파와 부먹파가 있듯이 물걸이 무침에도 김치파와 양념파로 나뉘죠. 김치파는 묵은 김치를 송송 썰고 참기름을 듬뿍 넣습니다. 김치의 곰삭은 맛이 생것을 만나 달짝지근해져요. 채소와 살코기, 육지와 바다가 섞여서입니다. 김장 때 생새우를 갈아 넣는 이치일 테죠. 양념파는 신김치를 빼고 갖은 양념으로만 무칩니다. 물걸이는 어류이면서도 텁텁한 육향보다 은은한 식물성 향에 가깝습니다. 보근보근한 새우살이 미끄러지듯 입안으로 들어오는 식감과 자극적이지 않은 맛에 젓가락이 멈추질 않아요.

경상도 지방에서 돔배기 산적을 제상에 진설하듯 칠산바다 마을에서는 대하大蝦를 올립니다. 대개 제물은 크고 굵고 반듯한 것을 고르잖아요. 하지만 빤한 시골 살림에 자식 여럿인 집에서 번듯한 제수 장만은 마음뿐입니다. 젓새우는 살집이 너무 작고 대하는 몸값이 비쌉니다. 중하는 대하 몸값의 십 분의 일이라 주머니 사정을 봐줍니다. 비싸지 않으면서 양도 푸짐하여 상대하기에 만만하죠. 물결이 한 솥을 삶아 내면 채반은 그득하고 마음은 넉넉해집니다. 중간은 지나침과 모자람 사이를 채우는 귀한 자리입니다. 불 앞을 지키다가 김 빼내려 들어 낸 뜨거운 새우를 성급하게 손가락 집게로 잡습니다. 대하였다면 어림없을 텐데 중하는 머리와 꼬리만 남기고 껍질째로 먹어도 깔끄럽지 않아요. 딱히 간하지 않아도 짭조름한 맛이 혀끝에 감깁니다.

'손이 가요, 손이 가~' CM송 기억나시죠? 한때 '국민 간식'이었잖아요. 아이들이 손꼽는 군것질거리면서 어른들 술잔의 벗이었죠. '국민'이라는 호칭이 붙으면 호불호는 적고 거리감은 확 줄어듭니다. 국민 MC, 국민 여동생, 국민 약골…. 전혀 모르는 이들인데도 친근감이 생기고 손이라도 덥석 잡아보고 싶습니다. 과자 회사에서 처음 새우깡을 만들 때는 법성포 중하를 사용했답니다. 그러고 보니 새우 또한 시쳇말로 '국민 먹잇감'이네요. 먹이

사슬 아래 단계에서 바다 생태계를 떠받치잖아요. 눈에 띄는 색도 없고 지나다닌 발자국 하나 남기지 않는 미약한 생물이 세상의 버팀목 역할을 톡톡히 해냅니다. 사람은 만만해 보이면 업신여기거나 이용하려 들지만, 물걸이처럼 말랑한 존재들 덕분에 세상이 돌고 도나 봅니다. 새우깡이 어느 날 갑자기 '국민 과자'로 등극한 것이 아니었네요. 무해한 것들은 인간 곁에 오래 머물잖아요. 물걸이는 여전히 시골 밥상을 푸짐하게 책임지고, 과자는 태어난 지 반세기가 넘었는데도 진열장을 당당하게 차지하고 있습니다.

 물걸이 무침을 맛보고 싶다고요? 만나는 날, 양푼이에 무쳐 소주 한 병과 함께 가져가면 좋을 텐데. 그곳까지 가져가려면 얼려야 해서요. 그러면 물걸이가 아니잖아요. 찬바람이 코끝을 스치거든 새우젓도 살 겸 설도항으로 달려오세요. 팔딱이는 물걸이가 당신을 기다리고 있을 테니까요.

《수필과비평》 2025, 9월호

설도항

굴비

해海

갯골에서 바람이 인다. 좁은 만을 지나온 북서풍에는 짭조름한 갯내음이 섞였다. 바람은 뱃전에 꽂힌 삼색 깃대의 물기를 털어 낸 후 뭍으로 향한다. 골목마다 비린내가 코를 찌른다. 소금 덮어 쓴 오사리조기가 두 눈을 부릅뜨고 결대에 걸렸다. 미처 다 자라지 못한 중치부터 해산을 앞두고 살집 늘리던 어미까지 매달렸다.

영광 구수산 철쭉이 꽃망울을 터트린다는 소식이 바람결에 들렸다. 암조기는 알이 슬기 시작하자 서둘러 친정인 칠산바다로 향했다. 새우 떼가 지천일 때 아랫녘에서 알을 낳아야 한다. 때를 놓치면 차가운 압록강까지 올라야 하기에 출발을 서두른다. 금쪽같은 생명을 품었으니 어찌 달뜨지 않겠는가. 기쁨을 숨기지 못해 바닷물을 차고 튀어 오른다. 개구리 떼창 같은 암조기 울음소리가 따라 나선 수조기들에겐 세레나데처럼 감미롭고, 기회를 엿보던 어민들에겐 고기잡이 나서는 신호였다.

갑자기 머리가 앞으로 나아가지 않는다. 방향을 잃고 꼬리만 제멋대로 움직인다. 지느러미를 힘껏 저어 보지만 파도에 흔들리고 물결에 떠밀린다. 벗어나려고 발버둥칠수록 아가미에선 피가 흐르고 황금빛 비늘이 뭉텅이로 벗겨진다. 육신을 관통하는 통증이 숨통을 조여 오고 내지르지 못한 비명은 어둠 속으로 파묻힌다. 어느 순간, 몸이 하늘로 솟구친다. 대롱거리는 몸뚱이들이 아우성을 치지만 피도 눈물도 없는 얼음덩이가 짓누른다. 여기는 어딘가. 뱃속의 알은 어찌 되는가. 아수라장이다. 다다르지 못한 쪽빛 꿈이 물거품으로 흩어진다. 감을 수 없는 눈동자가 서서히 가뭇해져 간다.

폭풍우 치듯 혼란스러운 밤을 보내고 가까스로 빠져나온 생존자들은 다시 길을 나선다. 바위 모퉁이를 돌자 난데없이 갯지렁이의 살찐 꼬리가 흔들린다. 갯벌에 사는 먹잇감이다. 보드라운 새우보다 쫄깃한 맛을 지녔다. 오르락내리락 정신을 쏙 빼놓기에 앞서가는 무리에서 차차 뒤처진다. 지느러미 날갯짓이 저절로 느려진다. 한 입 베어 먹을 절호의 기회다. 덜컥, 섬뜩한 날카로움이 입안을 뚫는다. 아차! 격렬하게 반항하여도 속수무책이다. 파닥거릴수록 바늘 끝이 깊숙이 박혀 온다. 외줄에 매달려 끌어올려진 후 갑판에 내동댕이쳐진다. 한순간의 욕심이 생사를 갈랐다. 헛된 몸부림이 잦아들자 이승과 저승의 경계가 허물어진다.

조팝꽃 같은 허연 소금이 온몸을 파고든다. 낯익은 바다 맛이다. 익숙한 짠기가 혈관을 타고 돌면 굳어 있는 지느러미를 펼칠 수 있을까. 황망하게 떠나온 곳으로 돌아갈 수 있으려나. 숨구멍 하나하나를 열어 깊숙이 받아들인다. 차오르는 소금기가 입안에 머금었던 기대의 말을 밀어내고, 목구멍으로 삼킨 슬픔까지 끌어낸다. 살덩이는 더욱 뻣뻣해지고 희미하던 기억마저 휘발된다. 생이 무화無化된다.

서늘한 해풍이 생명의 흔적을 지운다. 한두 번 해본 솜씨가 아니다. 알이 삐져 나올 듯한 아랫배를 게슴츠레 훑어보고 눈두덩이에 얹힌 물기는 손쉽게 날려버린다. 가쁜 숨을 내쉬었던 아가미까지 들춰 습기도 몰아낸다. 곧추세운 지느러미와 누런 비늘 사이사이를 샅샅이 뒤지더니 축 처진 꼬랑지에 다다라서야 제 할 일을 다했다는 듯 몸수색을 멈춘다.

탱탱하던 살결이 타들어가는 고통을 그 누가 알까. 키워내지 못한 알을 품은 채 메말라 가는 어미의 한은 또 어디에 풀어야 하나. 바다에서 올라올 적 놀란 표정이 화석처럼 굳었다. 길가로 늘어선 덕장은 숨 멈춘 조기의 유택幽宅이다. 드러난 살을 덮어줄 한 줌의 흙이나 뼈를 담아 보관할 상자는 없다. 입맛 다시며 흘낏거

리는 눈길조차 피할 가림막도 갖추질 못했다. 아우슈비츠 수감자들처럼 줄 지은 모습이 애잔하다. 오가는 이들을 빤히 쳐다보는 것 같으나 눈동자는 그림자 뒤의 먼바다를 바라본다.

포浦

시상 사람들은 황태하면 대관령이고 과메기는 구룡포이듯 굴비는 법성포라며 엄지손가락을 추켜세우지라. 조구재비가 한창 때 법성포구 풍경은 말도 마소잉. 전국에서 괴깃배가 죄다 칠산바다로 몰려왔응께 불을 켠 배들로 장관이었제라. 어시장인 다랑가지는 강셍이도 돈을 물고 댕긴다고 헐 정도로 흥청댔당께라. 시방은 좋은 시절 다 가고 조구재비도 옛말이 되어부렀소. 칠산바다에 조구가 당도하기도 전에 중국배들꺼정 들이닥쳐 쌍끌이로 밤낮 없이 잡아쌌는디 괴기씨가 마르지 않고 별 수 있간디요. 추자도나 흑산도 근방에서 조구를 실어 와야 할 처지가 되부렀어라.

그런디 알고본께 법성포가 갯것들 사이에선 인간 팬만 든다고 악명 높은 곳이라 안 허요. 그네들이 터놓지 못한 말들 땜시 복징터진당께 쏘매 귀담아 들어봐야 것소. 알 밴 에미랑 키도 덜 큰 새끼들꺼정 마구잽이로 붙잡는 것도 모자라 물정 모르고 잽힌 갱물괴기꺼정 몽씬 거둬 간다고 원성이 자자헙디다. 한 번뿐인 목심 무게는 같을 건디 사람들이 물괴기를 낚시 놀이나 먹거리로만 생각해서야 쓰것냐고 따집디다. 곱씹어 보면 그 말도 일리가 있어라. 조구는 겉모냥은 물괴기지만 인간과 조상이 같다 허요. 손가락은 지느러미에서 변했고 몸집에 비해 작은 머리며 단단한 척추골이 받치는 양도 그렇고, 갈비뼈 닮은 가시들과 내장 구조꺼정 가찹당께 뼈대가 같은 종자들인 갑소잉.

워메! 참말로 거시기혀라. 조구를 법성포에서 염질해야 맛나다 안 허요. 딴 동네에서 간질하믄 습습한 소금물에 당군 물조구라 개안하고 짭찌롬헌 맛이 없다지라. 법성포 조구라야 없던 입맛도 돈당께 어쩌것소. 내장도 빼지 않은 채 통째로 말린 굴비라야 달짝찌근허다니 얼척이 없당께라. 싱싱한 조구에다가 영광 갯벌 염전에서 맹글은 천일염으로 간 끼를 맞히고, 서해 바닥에서 불어오는 바램이 사시사철 선선헝께 그런갑다 여기지라. 시도 때도 없이 허벌나게 사 가는 이유인갑소잉.

먹는다는 것은 곧 산다는 말이지라. 괴기나 사람이나 다르지 않당께요. 조구가 새우 떼를 쫓아 쏘댕기는 것도, 어부가 살 에는 칼바람과 덮칠 듯 위협하는 파도에 맞서 손이 부르트도록 그물을 땡기는 것도, 먹어야 힘아리도 생기고 생각도 허고 후세도 남깅께 억척스럽게 하는 일 아니것소. 어쩔 꺼시오. 어미에겐 새끼 목구녕에 밥 넘어가는 소리가 젤로 듣기 좋다 안 헙디요. 바다밖에 바라볼 것이 없는 동네에서 먹고 살라믄 따로 할 것이 있었간디요. 밀물에 맞춰 배를 띄우고 썰물에는 조구 손질이라도 해야 자슥들 멕이고 갈치기도 허제라.

어쩌자고 누군가의 명줄을 내놓아야 다른 생명이 살 수 있도록 맹글어 놓았을까잉. 얄궂은 이치를 무신 수로 헤아리겠소마는 시상에 당연한 것이 있간디요. 받는 데 익숙해져서 귀함을 잊어부렀어라. 입으로 들어가는 음식에는 살아 숨 쉬었을 존재들과 그들을 키워낸 햇살과 비바람, 그리고 땅과 바다꺼정 얼마나 많은 이들의 수고로움이 숨어 있는지 더는 잊어불지 말어야지라. 숟가락을 들 때마다 미안시랍지는 못할망정 고마운 맴 정도는 가져야 사람의 도리지라. 그래야 눈도 제대로 감지 못한 조구들도 편히 떠날 것 아니것소.

　　굴비들 땜시 한 뼘이나 치켜올렸던 어깨쭉지를 얼릉 내려놔야겠소.

활活

상자를 열자 왈칵, 쿰쿰한 비린내가 쏟아진다. 바다를 누볐을 냄새가 갈 곳을 잃고 집안을 방황한다. 구부정한 몸통들이 반원을 그리며 하얀 스티로폼 위로 누웠다. 마치 꽃잎을 수놓은 듯하다. 어둠 속에 갇혔던 눈동자와 엉겁결에 마주친다. 피가 돌던 눈으로 내뿜은 공기 방울을 쳐다보았을 것이고, 천적을 피하려 수시로 두리번거렸을 터이다. 숨 쉬는 것들의 동공은 불안하게 움직이나 생명의 시간을 멈춘 눈알은 무심하게 박혔다.

끈을 풀어 쌀뜨물에 담근다. 뽀얀 물속으로 지난했던 굴비의 여정이 우려진다. 호시탐탐 노리던 갈매기 날갯짓이 스치고, 그물에서 떼어내던 억센 손아귀 힘에 순간 움츠린다. 조기 엮던 여인의 땀에 절인 고단함도 녹는다. 옭아맨 소금기마저 빠져나가는지 마른 살들이 통통하게 부풀고 바싹 달라붙은 지느러미는 슬그머니 펼쳐진다. 생선가게 주인이었다면 이 조기가 바다로 헤엄쳐 가겠다며 너스레라도 떨겠다.

바다를 누비며 제 몸 지키던 습성이 아직 남았는가. 꼿꼿하게 선 지느러미가 가위 든 손가락을 찌른다. 핏줄이 끊겼는데 그만한 반항도 없을까 싶어 기꺼이 아픔을 견딘다. 굴비 엮이듯 지하철로, 버스로, 승용차로 밥벌이 나서는 사람들은 좀체 대들지도 못한다. 꾸역꾸역 거리로 내몰렸다가 버스 의자에 머리를 파묻고, 지하철 손잡이에 몸을 기대고, 줄 선 자동차에 떠밀려 돌아온다. 날 선 칼날로 비늘을 긁고 아가미를 벌려 핏덩이까지 들어낸다. 식탁에 올라온 먹거리에는 죽음의 지엄至嚴과 삶의 비애가 함께 담겼다.

고향 집에서 가져왔다. 한 그릇의 밥을 짓는 어머니의 냉장실에는 묵은 김치를 기름에 볶아 두었고, 깍둑썰기 한 오이가 뻘건 고추장을 덮어쓴 채 쪼그라들었다. 언제 끓였는지 모를 시래깃국이 냄비에 반쯤 들어앉았다. 소박한 밥상이 그려졌다. 냉동고 칸은 색색의 콩들이 제집인 양 차지했다. 콩밥을 위해 모아 두었겠지. 그 틈을 비집고 굴비 두름이 위풍당당하게 자리했었다. 그러고 보니 친정에 갈 때마다 냉동고에 굴비가 있었던 듯싶다. 살집이 두툼한 생선은 결코 아니다. 선물용으로 선별해 내고 남은 자잘한 조기들이다. 어린 날 옛집 부엌 벽에 걸어두던 굴비 크기와 엇비슷했다. 문득, 그동안 어머니께서 굴비 살을 발라 드시는 모습을 본 적이 없다는 생각에 미친다. 잔조기지만 굴비가 항상 밥상에 놓였었는데, 왜 한 번도 보지 못했을까.

하던 손질을 멈추고 휴대전화를 든다. 전화기 너머 젖은 목소리가 들린다.

"예전에는 굴비를 좋아하지 않았어야. 비싸기도 하고 살집

양이 감질나서 네댓 마리 구워도 여섯이나 되는 자슥들 입에 들어갈 살코기가 언제나 모자랐제. 내 입에 넣을 고기가 워디 있었간디. 새끼들 밥숟가락에 얹어주기도 바빴당께. 근디 젤로 큰 자슥인 네가 입맛이 짧아서 잘 먹질 않았어야. 삐쩍 말라 가는디 뭐라도 멕여야했제. 그나마 굴비는 게미지게 먹길래 너를 살릴 음식인가 싶어서 장날이면 아무리 돈이 없어도 사다 놓았제. 지금도 온다 하면 얼른 시장으로 달려간당께."

이렇게 무심한 자식이 또 있을까. 그런 줄도 모르고 넙죽넙죽 받아만 왔었다. 사람의 기氣를 돕는 생선이라 했다. 몸이 아파 기력이 없을 때나 까다로운 입맛을 맞출 때마다 굴비가 제 몸을 풀어놓았다니. 누군가에게 혹은 무엇인가에게 기대는 생이었음을 또다시 깨닫는다.

달군 프라이팬에 물기 닦은 굴비를 얹는다. 뜨거운 기름에 껍질이 튄다. 고소한 소금 내가 코끝을 자극한다. 간간한 살을 흰쌀밥과 먹을 생각에 침이 고인다. 구운 굴비와 함께라면 밥그릇이 순식간에 비워질 테다. 덕분에 삶을 영위해 간다. 그리하여 만물은 돌고 돌며 세상을 살린다.

법성포 굴비거리

꿀쩍

"요새는 돌팍에서 꿀 까는 사람이 있간디요? 어쩌다 굴을 찾는 손님이 있응께 동네 아짐이 가져오는 것을 받아두었다가 몇 상 내놓지라. 근디 칼칼이 시쳤는디도 째깐흔 꿀쩍이 씹힐 수도 있응께 놀라지 마쇼잉."

식당 주인장이 전라도 사투리와 함께 상을 차린다. 흘리듯 혀끝으로 살살 골라내라는 당부의 말도 굴 접시에 얹는다. 탁자 중앙을 차지한 생굴은 천장 등빛을 반사할 만큼 윤기가 흐른다.

보리누름에는 정어리 쌈을 싸고, 나락 놀짱할 때는 전어를 구워야 하듯, 어디선가 눈발이 날리면 습관처럼 생굴비빔밥이 간절해진다. 어린 시절에 먹어서 추억이 깃든 맛이라 그런지 이름만 들어도 입안에 침부터 고인다. 그것을 먹으면 까끌하던 입맛에 생기가 돌아올 것만 같다. 기억 속 음식일수록 제철 먹거리 나는 고장에서 먹어야 제격일 것이다. 조리 과정이 다르고 손맛이 달라서이다. 칠산 바닷가 어촌 마을로 석화비빔밥을 찾아왔다.

'꿀쩍'이라는 단어를 듣는 순간, 환청처럼 딱딱 굴 껍데기 때리는 소리가 들리는 듯하다. 전라도에서는 굴을 '꿀'로, 굴 알갱이에 달라붙은 껍질 조각을 '꿀쩍'이라 부른다. 소리를 찾아 눈으로 창밖을 더듬는다. 파도는 수평선에서 으르렁대고 물 빠진 갯골은 횅하다. 해안가는 갈매기 한 마리 얼씬대지 않고, 마을 고샅길은 오가는 기척마저 뜸하다. 인가가 몇 안 되는 시골에선 겨울 햇살도 하루의 바통을 일찌감치 어둠에게 물려준다.

갯돌에 붙어 자라는 굴은 비도 맞고 햇빛도 본다. 밀물 때는 물속에 떠다니는 먹이를 먹고 몸집을 불리지만, 썰물 때는 덩그러니 온몸을 내놓는다. 습濕을 지키려 웅크리느라 살을 찌울 겨를이 없다. 애써 자연산이라 말하지 않아도 동전 크기 씨알이 알려준다. 어쩌다 오백 원짜리 굵기라도 집는다면 심 봤다며 속으로 외칠 지경이다. 심지어 젓가락보다는 숟가락으로 떠먹어야 편하다. 그러나 모양이 작다고 무시하면 오산이다. 향은 은근한 듯 여운이 남으며, 맛은 개운하고 웅숭깊다. 바위를 수없이 겅중거려야 겨우 한 대접을 얻을 수 있다. 물때 시간에 맞춰 돼지 저금통에 한 푼 두 푼 동전 모으듯 소쿠리에 채웠을 노고가 작은 알갱이에서 생생하게 그려진다.

석화는 알음알음 나눠 먹는다. 자식들 먼저 챙기고 형제간이며 사돈네까지 보내주는 재미가 쏠쏠하여 조새를 놓지 못한다. 밥도 하고, 국도 끓이고, 무치고, 전도 부친다. 그리고도 남으면 젓갈로 만들어 밥상 단골로 올린다. 영광 사는 외할머니께서 부산을 찾아오던 날, 양손 무겁게 가져온 스티로폼 상자에는 당신이 까서 모은 굴도 들어 있었다.

"꿀이 한창 게미져라. 도시 사람들은 꿀쩍이 있으면 기겁을 하는디 암시랑토 안 헝께 빼내고 드시소잉. 촌에선 다 그렇게 먹지라."

"꿀을 짝으로 가져왔는교? 무거워서 상그라웠을낀데. 사돈은 벌도 키우는교?"

시어머니 답변에 순간, 외할머니의 눈동자가 흔들렸다. 서로의 말을 이해하지 못한 채 잠깐의 정적이 흘렀다. 곁에서 통역을 하고서야 대화는 이어졌다.

생물이라 빨리 먹어야 한다는 외할머니 재촉에 조리부터 찾았다. 석화 알갱이는 조리로 일어 가며 씻어야 한다. 워낙에 작고 연해서 손이 여러 번 닿으면 으깨지기 일쑤다. 마늘, 고춧가루, 참기름 넣어 버무린 후 잘게 썬 실파까지 뿌려 내어놓았다. 고소한 내음에 끌려 그만 크게 숟가락을 떠서 입에 넣었던 시어머니는 입 안에 걸리적거리는 꿀쩍 때문에 어쩔 줄 몰라했다. 통통하고 반드레한 굴만 봐 왔던 경상도 분이라 쩍 있는 굴은 처음이었고, 가려낼 요령은 더더욱 없었다. 하지만 며느리 고향 음식을 타박하지 않았고, 먼 길 가져오려고 몇 날 며칠을 준비한 정성을 알기에 뱉지도 씹지도 못한 채 오랫동안 오물거렸다.

조새 짓이다. 소슬바람이 나뭇잎을 떨구기 시작하면 기다렸다는 듯 조새가 바다로 내려앉는다. 한여름에는 하릴없이 붉은 녹에게 몸뚱이를 내어주다가, 찬기만 일면 숫돌을 닦달해 감춰둔 살기를 드러낸다. 살생을 노리는 사냥꾼으로 변한다. 칼끝을 쑤셔넣어 잽싸게 관자를 도려내는 굴 까기에 비해, 조새의 사냥은 두툼한 나무머리에 달린 큰 쇠고리로 굴 껍데기를 두어 번 때려 힘껏 젖힌다. 피도 눈물도 없이 여린 속살에게도 쇠끝을 멈추지 않는다. 미처 놀랠 틈도 주지 않고 가늘고 예리한 쇠날로 손톱만한 알맹이를 긁어 냅다 소쿠리로 던진다. 물 흐르듯 이어지는 동작은 사냥 고수인 양 조새의 양날에서 저절로 우러나온다. 엉겁결에 굴의 온 생이 끌려 나왔으니, 살을 감싸던 거죽도 따라나서는 것은 당연지사. 아무리 떼어낸다고 한 몸이던 운명을 쉽게 가를 수 있을까. 꿀쩍이 따라붙는 이유다. 동백꽃이 툭툭 낙화할 즈음이면 텃밭가로 허연 패총의 봉분이 높아간다.

굴은 여전히 밥상에 오르나, 바다 꿀은 만나기 어려워져 간다. 굴의 뿌리는 하나일 텐데 지역이나 갯가 사정에 따라 자라는 모습도, 불리는 이름도, 먹는 풍습도 여러 갈래로 갈라졌다. 사람들은 이왕이면 새롭고 빠르며 간편한 것을 선호한다. 씻은 듯 매끈한 알굴에 비하면, 꿀쩍까지 달고 다니는 서해 석화는 얼핏 촌스러워 보인다. 이파리에 제멋대로 구멍 뚫린 열무나 꼬부라져 볼품없는 풋고추도 소비자들에게 외면받기 십상이다. 촌스럽다는 것에는 낡고 불편하거나 시대에 뒤처졌다는 오해가 숨어 있다. 그래서 세상은 촌스러움에서 벗어나려 힙함을 추구하고 오픈런에 줄을 서며 숨 가쁘게 유행을 갈아타는지도 모른다. 하지만 꿀쩍을 가려내는 동안 눈앞에 놓인 먹거리가 한때는 숨 쉬는 생명이었음을 깨닫는다. 느리게 먹어야 하는 성가심 때문에 구석구석 감춰진 맛을 느낀다. 촌스러움이 오히려 다행일 때다.

    넓적한 그릇에 김 나는 밥을 붓는다. 비빔밥에는 밥이 뜨끈해야 들어가는 재료가 고루 어우러진다. 간간하면서 달금한 생굴 맛을 놓치면 안 되기에 접시에서 절반만 덜어 쓸어 넣는다. 굴과 궁합이 맞는 무채도 넉넉히 담고 양념장까지 끼얹는다. 대기 중이던 숟가락이 위로 아래로 오른쪽 왼쪽 노를 젓는다. 목적지는 어디인가. 손놀림 따라 코는 벌써 싱싱한 내음을 맡았는지 고개가 점점 그릇 쪽으로 내려간다. 꼬스름한 맛이 혀끝에 닿자 침샘에선 침이 뿜어 나오고, 목젖도 빨리 넘기라며 대롱대롱 재촉한다. 간혹 잇새에 꿀쩍이 걸려도 인이 배어서 호들갑스럽지 않게 들어낼 텐데, 그릇이 비워질 때까지 티끌 하나 건져내지 못했다. 오지랖

부릴 뭔가를 놓친 듯 입안이 허전하다.

    앞으로 몇 번이나 이 은은한 바다 맛을 만날 수 있을지. 촌스러움을 타박하는 세상에서 얼마나 더 버틸 수 있을는지. '꿀쩍'이 사전에 박제될 날도 머지않은 듯하다.

계간 《사이펀》 2024, 겨울호

백수해안도로 거북바위

S의 行

너의 이름은 S. 아무도 눈여겨보지 않던 굽은 길로 너를 찾아왔다. 그동안 메타세쿼이아 이파리가 햇빛을 가려도 불평 한마디 없었고, 함박눈에 온몸이 파묻혀도 구조 요청조차 하지 않아 너의 존재를 몰랐다. 그저 휘돌아간 산모롱이 자락이거나 저수지 물살이 파고든 흔적이려니 여겼다. 구부러진 허리를 밟고 지나갔을 여행자는 혹여 알아봤을까. 네 앞에 다다르면 속도를 줄여야 했던 자동차는 어렴풋하게 눈치챘을지도 모르겠다.

'영광S자메타세쿼이아길'. 누워 있는 너를 영광 고을에서 번듯한 나무판에다 일으켜 세웠다. 하늘로 오르려는 와룡매 가지를 꺾어 왔거나 땅에 뿌리박은 담쟁이 줄기를 잘라 온 듯 흘러내린 곡선이 미끈하다. 금방이라도 꿈틀꿈틀 움직일 기세다. 가지런히 쓰인 글자 사이에서 황금빛 몸체가 도드라진다. 한결같은 마음을 가졌는지 기러기, 토마토, 별똥별처럼 똑바로 봐도 거꾸로 읽어도 변함이 없다. 자연을 그려내는 그림이고, 인간의 발길을 찍는 부호이면서 살아 있는 것들의 이정표인 너에게 무거운 책임감이 느껴진다. 비틀려 돌아가는 생이라 구비마다 사연이 숨었으리라. 그 행적을 더듬는다.

木. 시작하는 것들 곁을 지킨다. 봄기운 따라 새싹으로 돋아나고, 한시도 가만히 있지 못하는 아이들의 발자국과 초보 운전자의 흔들리는 궤적에도 붙어다닌다. 생명은 위로 오르고 직선으로 나아가길 원한다. 하지만 초행길은 호락호락하지 않다. 꽃샘추위라는 복병이 기다리거나 좌충우돌 걸어차이고 엎어지는 시련이 오기 마련이다. 처음 시도하는데 실수나 실패가 없다면 오히려 이상하겠지. 누구나 어렵고 힘든 여정을 거쳐 성장한다. 너는 길 나서는 자들에게 온기를 불어넣는다. 한기에 떨고 있는 싹을 아지랑이 몸짓으로 에워싼다. 그리고 어루만져 달랜다. 성공이나 결실을 위해 움을 틔우지 않았다고, 그저 충실하게 싹의 시간을 보내면 다음 계절은 언젠가 온다고.

火. 리듬을 탄다. 앙리 마티스의 춤추는 무희들 속에 섞였다. 파란 하늘 아래 짙은 녹색 대지 위에서 실오라기 하나 걸치지 않은 인간들이 붉은 춤꽃을 피워낸다. 기쁨에 겨운 춤사위일까. 염원을 담은 제전 의식인가. 발이 땅을 디뎠지만 발뒤꿈치가 들려 있어 곧 공중으로 날아오를 듯 무아지경에 빠졌다. 쉼 없이 뛰다

보면 꽃잎은 늘어나고 풍성한 열매가 맺히리라는 꿈을 꾸는가. 활처럼 휘어진 어깨가 격렬하게 들썩인다. 뜨거운 열기가 사방팔방으로 번질 듯하다. 순간, 한 사람이 손을 놓쳤다. 이음매가 끊어졌다. 팔이 벌어지며 덩달아 너도 팽팽하게 당겨진다. 자칫 소용돌이에 빨려 들어가거나 한순간에 궤도에서 벗어나겠다. 조바심 내며 앞선 자만 쫓았거나 뒤따르는 이의 흔들리는 걸음을 발견하지 못했으리라. 인간은 혼자일 때보다는 함께여야 참된 삶에 가까워진다. 당기고 풀어주는 관계 조절에서 진정한 동행이 유지될 터, 길은 서로의 보폭을 살피라고 말한다.

土. 연결의 명수다. 나선형 계단이 지상과 지하를 잇고, 탯줄은 세대와 세대를 맺으며, 굴비는 비닐 노끈으로 엮어 말린다. 땅은 갈지자로 방황하는 꽃송이와 호기롭게 스스로 길을 내는 빗물을 거둬들인다. 치우치지 않게 기운들을 묶으려면 무심한 균형도 갖추고 너른 품을 열어야 한다. 이편과 저편을 맞잡아 다른 세계로 이끈다. 물기 찾아 요리조리 헤집는 지렁이의 목마름과 곧게 서려고 구불구불 파고드는 뿌리의 갈망을 안에서 삭인다. 열매를 기다리는 시간은 서행일 수밖에 없다. 계절은 흙을 통해 돌고 돈다. 치열하게 끌어안은 흙의 성정에서 너를 발견한다.

金. 반복은 옹골진 결과로 나타난다. 풍물놀이마당을 종횡무진 휘젓는 소고재비의 열두 발 상모 돌리기, 뼈대가 짐승의 척추처럼 유연하게 휘어진 철재 의자, 힘찬 굴곡이 빼어난 분청사기 매병. 장인은 솜씨가 능숙해지기까지 넘어지고 또 쓰러졌을 테고, 부수고 거듭 깨뜨렸을 것이다. 변화를 받아들이느라 틀에 갇힌 자신과도 밤낮으로 싸웠겠지. 새로운 것을 취하려면 반드시 손에 쥔 것을 내려놓아야 하듯 끌밋한 과실을 얻으려면 곁가지는 잘라내고 꽃 솎아내는 과정이 필수다. 겉도 멋지고 속도 알차면 좋으련만 세상일이 그리 만만찮다. 찬바람이 불면 무성했던 존재들은 마무리를 염두에 둔다. 밖으로 향하던 눈길을 안으로 돌려 내실을 쌓는다. 오르막과 내리막은 한 짝이다. 화려한 명성에 연연하지 않는 자만이 완만하게 내려가는 길을 택한다.

水. 너는 동사다. 흘러야 제격이다. 바람에 일렁이고 파도에 출렁인다. 방문에 어른거렸다가 갈대숲에서 술렁인다. 오선지를 음표로 수놓고 오솔길을 종종걸음으로 걷는다. 움직이는 생명력은 강하다. 잉태를 위해 정자는 목숨 건 꼬리짓으로 돌진하고, 생은 활발한 장운동 덕분에 영위된다. 힘차게 내달리던 너의 발길이 무료 급식소와 구직 창구 앞에서 주춤거린다. 헌 스웨터에서 풀어낸 털실처럼 긴 줄은 주름졌고 힘없이 굽었다. 흐르지 못한 정체 구간이다. 이대로 고이면 사회의 핏줄은 어디선가 터질 것이다. 머리를 맞대어 지혜를 구한다. 살아 있는 것은 부드럽다. 유연하면 변하기 쉽다. 변해야 살아남는다. 너는 앞뒤를 틔워 무한한 가능성을 열어놓는다. 비뚤배뚤 글자를 쓰기 시작하면서 산골 할머니들은 암흑 세상에서 벗어났다. 너를 반으로 잘라 한쪽은 비 맞는 이들에게 우산으로 씌우고, 다른 쪽은 떼어 무지개로 내건다.

구부러진 메타세쿼이아 길에서 바람이 불어온다. 바람결에 너의 목소리가 들리는 듯하다. 삶이란 흐르는 선 위를 잠시 걸을 뿐이라며, 그 길에선 누구나 공평하게 덥고 춥고 오르고 내리는 과정을 되풀이한다고. 하여, 행복도 조금이고 힘듦도 짧다고. 그것이 자연의 순리며 운명의 뫼비우스 띠라고 다독인다. 꼿꼿하게 굳었던 마음이 느슨해진다. 돌아서는 등 뒤가 따숩다.

《선選수필》 2024, 여름호

노을 영광

영광S자메타세쿼이아길

2부

가을

집 아닌 집

은행나무 위세가 대단하다. 세월의 무게에 눌려 돌담이 낮아진 걸까. 시간을 쌓아 나무가 자란 걸까. 어른 키를 훌쩍 넘긴 담인데도 나무둥치가 담장 밖에서도 보인다. 옛 배움터는 아름드리 은행나무가 지킨다. 중국의 성현은 답답한 실내에서 벗어나 나무 그늘에서 수업하길 즐겼다 한다. 그의 행적을 따르고자 유학자들은 배움터마다 은행나무를 심었다. 영광향교에도 수백 살 먹은 은행나무가 꼿꼿하게 서 있다.

깨금발 들고 숙정문으로 들어선다. 문 하나 지났을 뿐인데 속세를 벗어난 듯 깊은 적막 속이다. 수업 시작 후 뒤늦게 교문을 들어서던 그날처럼 고요하다. 나뭇잎이 오소소 떨어진다. 소리가 선명하여 고개를 돌린다. 어디선가 선도 선생님이 나타나 뒷덜미 잡아 호통칠 것만 같다. 배움터에서는 진중하면서 바르게 행동하길 요한다. 맞아주는 이 없는 입구에서 옷매무시를 가다듬는다.

대청마루 없는 명륜당이다. 유생의 발길은 끊겼어도 곧고 반듯하여 품위를 잃지 않았다. 어느 곳 하나 기울거나 부서진 곳도 없다. 관리하는 손길의 부지런함을 알겠다. 기와지붕 아래 현대식 교실처럼 칸칸이 방을 두었다. 덕분에 비바람이나 추위 걱정 없이 학업에 전념했지 싶다. 수업 풍경은 예나 지금이나 비슷하지 않을까. 벽에 기대 앉아 눈을 감으니 안의 몸짓들이 훤하게 그려진다. 앞쪽에서 성실파들이 낭랑한 목소리로 사서삼경을 왼다. 시험 시간이 다가오는 모양이다. 어떤 이는 붓끝을 세워 쪽지에 글줄을 적어 넣는다. 커닝페이퍼를 만드는 중이다. 그러든가 말든가 뒷줄 짓궂은 이들은 다리 뒤엉켜 장난질이다. 비단 바지 곳곳이 얼룩졌다. 다양성의 집합체다. 저 다름이 벼슬길로 나아가거나 후학을 가르치는 훈장으로 들어앉고, 시문이나 읽으며 자신의 시간을 즐기는 한량의 삶으로 가른다.

기숙사가 담장 안이다. 명륜당을 중심으로 동재와 서재가 양 날개처럼 앉았다. 어엿한 집을 두고 거관유생居館儒生으로 들어올 때는 결의가 남달랐을 터이다. 공부에 전념해야 하니 오가는 통학 시간마저 아끼고 싶었을 게다. 부유한 집 자제들이야 덕망 있는 독선생을 들여 학업을 이어가거나 권문세가 부모 입김으로 벼슬자리에 오를 수 있다지만, 지방 선비들은 언감생심 꿈이나 꿀 일인가. 미관말직이라도 얻으려면 죽을힘을 다해 읽고 쓸 수밖에 없다. 가家를 일으켜 주길 기다리는 가솔들 생각하며 밤잠을 설쳤을 테고, 촘촘히 짜인 일과로 몸과 마음을 담금질했을 것이다. 그나마 살벌한 입신 경쟁이 공정한 저울대 위에서 치러지면 억울함이라도 남지 않으련만, 세상일이란 게 호락호락하지 않음을 시골 유생들도 애초부터 알고 있었으리.

가문을 우선시하고 위계가 분명한 시대였다. 무슨 일이든 똘똘 뭉쳐 해결하던 민족 아닌가. 기숙사 간 사이가 떠 있다. 선배들 거처인 동재와 후배들 방인 서재가 마당을 사이에 두고 데칼코마니처럼 마주했다. 겹겹으로 기와선 두른 고택과 달리 등 돌아앉은 형제처럼 툇마루가 서로 반대 방향에 놓였다. 명륜당에서 바라보면 양쪽 건물의 벽과 창만 보인다. 언제 누가 드나드는지 전혀 알 수 없는 구조다. 현진건의 소설 주인공 B 사감이 이곳으로 발령받았더라면 속 터질 일이겠다. 들락거리는 문이 보이지 않으니 감시의 눈알을 바삐 굴려야 할 테고, 너른 뜰을 가로질러 종종걸음 치느라 비쩍 마른 몸에 살 붙을 날이 없었겠다. 어느 댁 규수가 하인 편에 연서를 몰래 들여보내도 속수무책이다. 빼앗은 러브레터가 없으니 밤마다 일인극을 펼치려면 직접 상상의 편지라도 써야 될 판이다.

상급학교 진학은 내게 집에서 벗어날 기회였다. 좋은 조건을 제안하는 학교를 마다하고 타지 기숙사로 향한 것은 오로지 고향을 떠나야겠다는 의지였다. 스스로 택한 돌아갈 곳 없는 독립이었기에, 기숙사는 학교 다니는 동안 머무는 임시 거처가 아니라 깊숙이 뿌리내려야 할 또 다른 집이라 여겼다. 살면서 옷깃 한 번 스칠 일 없을 것 같은, 이름도 생소한 고장의 학생들과 동급생으로 맺어지고 방 짝으로 배정되었다. 공부 스타일도 잠자는 습성도 좋아하는 음식도 다른 이들과 섞이며, 무작정 다름을 받아들이겠노라 결심했다. 기숙사의 불편한 시설은 그러려니 했고, 누군가 손 내밀면 거절보다 따르는 쪽으로 마음을 기울였다. 내 생각을 앞세우기보다 타인에게 맞추는 습관을 들여 나갔다. 버텨내려면 그래야 되는 줄 알았다. 하지만 한 방에 네댓 명이 부대끼는 일은 만만하지 않았다. 작은 방 안에서 행동반경이 겹쳤고, 사이를 띄우지 못한 거리는 상처를 주고 갈등을 일으켰다. 1년이 채 되기도 전에 흙에서 뽑힌 식물처럼 몸은 근기가 빠져 푸석해지고, 떠도는 바람 자락에도 마음이 베였다.

우리나라에는 먼 나라에서 일하러 온 이주노동자들이 곳곳에 산다. 일거리를 제공하는 일부 고용주들은 그들을 노동 인력으로 여길 뿐 인간으로 대우해 주지 않는다. 내어주는 숙소는 곰팡이 핀 폐가이거나 비닐하우스, 역겨운 냄새가 코를 찌르는 축사 근처 등 차마 사람이 살 수 없는 곳이라는 뉴스를 여러 번 접했다. 가족 중 누군가가 타국에서 그런 취급을 받는다면 과연 참을 수 있는지 묻고 싶어진다. 딸의 첫 직장도 일본 기업이었다. 일본인 팀장은 차별이 유독 심했다. 대한민국에서 우수한 성적으로 대학을 졸업하고 국가자격증을 갖추어 전문 기술인으로 취업했는데도 그에게 딸은 오로지 외국인 여자 노동자일 뿐이었다. 시도 때도 없이 질러대는 짜증 섞인 고함이 고스란히 딸에게 떨어졌다. 젊은 가슴에 눈물 삼키는 날이 늘어 갔다.

일본 기숙사는 낡은 아파트였다. 먼저 취업한 한국인 선배와 딸처럼 갓 졸업하고 온 중국인 동기가 같이 사는 멤비였다. 겨우 몸이나 누이고 옷 몇 벌 걸 수 있는 좁은 방이었으나 각자의 공간이 따로 있다는 것만으로도 숨을 쉴 수가 있었다. 퇴근 후 울분을 삭일 때 힘이 되어준 이는 기숙사 식구들이다. 같은 길을 걷는 이방인으로서 저마다의 고충을 털어놓으며 묵묵히 들어주거나 서로의 언어로 다독였다. 가끔 거실에 모여 각 나라 음식을 나눠 먹고, 여느 가족처럼 나들이도 함께 다녔다. 선배와는 모국어로 동기와는 일본어로 대화하면서 선후배 간의 우정을 쌓고 한중일 문화를 경험했다. 그녀들은 딸의 타국 생활을 견디게 한 버팀목이 되어주었다.

살다 보면 잘 닦인 도로를 달리기보다 한 발 한 발 내딛어 여울물을 건너야 할 시기도 만난다. 징검다리엔 울퉁불퉁하고 미끄러지기 십상인 돌들이 부지기수다. 세상에는 수많은 기숙사가 존재한다. 나라 지키는 병사들의 생활관부터 회사가 제공한 사원 숙소, 노숙자 재활 쉼터와 가정폭력을 피해 숨어든 여성보호센터, 학생들이 앞날을 준비하는 학교 기숙사와 부모 정이 그리운 고아원까지, 번듯한 집은 아니지만 몸담고 있는 순간엔 분명 집이다. 그곳에서는 징검다리 건너듯 머물 시간은 정해져 있다. 언젠가는 건너편 땅에 가 닿는다. 그러나 스쳐 지날 곳이라며 가벼이 여길 수 없다. 엄연히 생의 일부이며 삶의 발자취다. 성장도 하며 세상에 발 디딜 힘도 얻는다. 하여, 누구에게나 다음 발을 내딛기 편하도록 단단한 디딤돌이길 바라 본다.

    동재 마루 끝에 걸터앉는다. 담장을 향한 마루가 나만의 아지트를 찾은 듯 아늑하다. 영광향교를 설계한 이는 알고 있지 않았을까. 규율이 엄격한 공동체 생활에서 사람 간의 거리를 띄워 숨구멍 만드는 일이 얼마나 중요한지. 사이를 벌려야 타인을 존중할 틈이 생긴다는 것도, 사람을 대할 때 높낮이를 두지 말라는 가르침도, 건물 배치에 숨겨 두었을 것이다. 세찬 바람이 지나는지 갑자기 노란 은행잎들이 쏟아진다. 마치 학동들 무리가 몰려나오는 듯하다. 나도 댓돌을 박차고 그 안으로 뛰어든다.

계간 《인간과문학》 2025, 봄호

영광향교

노을 영광

동動

 당신 덕에 삽니다. 밥벌이하고 배웁니다. 땅을 갈고 씨앗 심어 거둡니다. 눈 쌓인 도로를 뚫고 바닥을 쓸고 닦습니다. 타인의 손을 맞잡고 연인은 팔을 껴안습니다. 아이는 걸음을 떼기도 전에 보행기를 몰아 집안을 휘젓고, 유모차에서 바깥세상을 알아 갑니다. 어른이 되어서도 자동차를 운전하든 대중교통을 이용하든 종일 같이 지냅니다. 당신 세계에 사람이 살고 있는지 인간 세상에 당신이 존재하는지 헷갈립니다만, 많은 순간을 함께하는 걸로 보아 따로인 듯 하나인 것만은 확실합니다.

 편애에서 권력이 생겼습니다. 인간의 법은 당신이 다니기 쉽도록 길을 내고 넓힙니다. 흑단 카펫을 깔아 행여 흠집이라도 생길세라 애지중지 모십니다. 가는 곳마다 편히 쉬도록 주차장 확보부터 나섭니다. 고궁이나 절집에 가 보면, 옛사람들은 신과 임금이 오가는 중앙 길을 구분해 두었습니다. 그런데 현대에는 도로

가운데로 당신이 다닙니다. 사람들은 자연스레 길가로 밀려났습니다. 세상이 걷는 인간보다 구르는 당신을 치켜세운 까닭입니다. 그나마도 좁은 골목에선 당신 없는 틈을 찾느라 사람의 몸가짐이 공손해집니다.

지닌 능력을 가늠하기 어렵네요. 거대한 비행기를 가뿐하게 띄우고 증기기관차는 물만으로도 달리게 했습니다. 말이 끄는 수레에 고분고분 딸려 다니다가 화석 연료를 들이키고부터 질주 본능을 드러냈습니다. 운명의 수레바퀴는 생을 끌기도 인간의 의지에 끌려가기도 합니다. 운전대를 달아 마음대로 굴리고 싶습니다. 다른 이들과 맞물려 돌아가는 톱니바퀴는 경계 밖으로 튀려는 충동을 억누릅니다. 주어진 선을 지키고 붉은 신호 앞에서는 서라며 길들입니다. 브레이크 없는 인터넷 바퀴는 가속이 붙어 인간사를 쥐락펴락 주무릅니다. 자칫 충돌하거나 밀려나기 십상이니 정신 바짝 차려야 따라갑니다. 빈 수레의 요란함을 감당하는 것도 당신 몫입니다.

있는 듯 없는 듯 지냅니다. 덮어쓴 테두리에서 크게 벗어나지 않는 몸체를 가졌습니다. 외형을 중요하게 여기지 않는 성품일 테죠. 사람들은 자동차회사에서 화려한 모터쇼를 열어 자동차를 추앙할 때도 아래에서 받쳐주는 당신까지 시선이 미치지 못합니다. 대부분의 날은 잊고 지내다가 멈추거나 삐걱댈 때, 비로소 머리 숙여 살핀답니다. 때문에 그늘 속 삶은 바닥과 친밀합니다. 부대껴

닳아 너덜거려도 묵묵히 살갗을 내어줍니다. 그러나 인간은 밑바닥 가까이 가기를 꺼린답니다. 틈만 나면 끌어내리려 혀 날름거리는 괴물처럼 느껴지거든요. 우둘투둘한 돌부리에 걸려 넘어지거나 우묵 파인 구덩이에 빠지기라도 한다면 일어서기 위해 온 힘을 쏟아야 하고 생채기가 나 쓰라리고 아프니까요. 신이 모든 곳에 있을 수 없어 어머니를 보냈듯이 인간에게는 삶의 무게를 대신 짊어져 줄 무언가가 필요했을 겁니다. 거친 바닥을 어르고 달래면서 발 내리는 시간을 줄이려 당신을 탄생시켰는지도 모릅니다.

고마운 당신이지만 마냥 기껍지만은 않습니다. 국경을 넘나들며 나르는 전염병이나 죽음으로 내모는 전쟁은 피하고 싶습니다. 당신이 과해지면 세간에서 역마살이라 부르며 경계합니다. 동작이 어긋났을 때, 9층에 사는 그녀 다리 위로 당신의 온몸이 얹혔습니다. 그녀 나이가 열일곱 살이었습니다. 이동식 들것에 실려 다녔고, 깨어나니 한쪽 뒤꿈치가 없었습니다. 절단된 상처는 활동을 가두었고 이동을 멈추게 했습니다. 휠체어를 의지하고 목발에 기댄 행동은 부자연스럽고 더디었습니다. 긴 시간 서 있지 못했고, 먼 곳을 오갈 수 없었습니다. 계단 하나에도 방해를 받으며 사회와 멀어졌고 절망했습니다. 만물의 이치는 궁즉통입니다. 기술자들이 다독이고 채근하였나 봅니다. 까다로운 식성을 가진 당신이 전기를 받아들이고서야 소외되었던 이들에게도 실력 발휘하게 되었습니다. 환갑 넘긴 그녀가 전동스쿠터를 타던 날, 바큇살도 신바람을 일으키며 돌아갔을 겁니다.

영광 고을에서는 가을마다 e-모빌리티 엑스포를 엽니다. 작고 낮은 당신 가족들이 모여 잔치를 벌입니다. 행사장에는 고가의 타이어가 보이지 않고 현란한 몸짓의 회전축도 없습니다. 그녀를 문밖으로 끌어내 준 것처럼 접이식 전동차는 힘없는 노인이 타기 쉽도록 날렵하고, 전동운반차는 로봇처럼 적재함을 변신시켜 일꾼에게 힘을 보탭니다. 든든한 당신의 등이 있어 그들의 역할이 빛납니다. 농부 대신 농약 치는 드론은 당신을 머리에 이고 다닙니다. 땅바닥만 보며 구르다가 푸른 하늘도 마주하니 음이 양이 되고 양이 음이 되기도 하는군요. 엑스포장에서 만난 당신은 쏜살같이 달려 나가는 본성보다 노약자의 어려움을 해결하는 일에 가치를 두었습니다.

인간을 욕망의 물살에 올라타도록 부추겼나요. 개천에서 용 나는 시대는 지났다는데 연결 끊긴 사다리라도 기어오르라며 꾀었나요. 더! 더! 더! 세상은 당신을 믿고 빨리 넓게 멀리 가자며 동분서주합니다. 동그라미가 늘 고픈 통장을 채우려 누비고, 나날이 발전된 신기술로 중무장한 물건들을 운반하고 뿌립니다. 고정되길 거부하고 이쪽에서 저곳으로 옮깁니다. 모았다 흩고 가져오고 보냅니다. 당신의 궤적을 따라가려니 멀미가 날 지경입니다. 인간사 만나고 헤어지는 일도 당신이 일으키는 조화이지 않을까 의심됩니다.

바뀌지 않고 그대로 머물기만 하는 것이 있는가 항변하는군요. 맞습니다. 어떤 물건도 모방하지 않고 만들어낸 발명품이 당신이니까, 있던 것을 없애고 없었는데 새로 생겨나게 하는 변화의 최전방에 서 있는 것은 얼핏 당연해 보입니다. 바뀐다고 해서 좋거나 나쁘다고 말할 수 없고, 쓸모 있거나 의미 없다는 뜻은 아닙니다. 구르는 것이 당신의 소임이듯 자연의 리듬은 변해야 순리입니다. 변화는 당신의 본질이니까요. 돌고 도는 당신을 긍정하지만 가끔은 미동 없이 잠기고 싶습니다.

당신의 언어는 움직이다 멈추고 힘을 가하면 다시 굴러갑니다. 가로지르고 경쟁합니다. 운동과 정지의 운율 속에서 굼뜨거나 쉼이 길어지기도 합니다. 사람도 때와 장소에 따라 자신에게 맞는 속도나 보폭을 가졌음을 알려주고 싶은 게죠. 또 신속하고 편리함으로 나아가는 시대에 앞만 보고 달리기보다 뒤처지고 고립된 이들도 돌아보라며 그녀의 전동스쿠터를 통해 귀띔도 해주었습니다.

오늘도 덕분에 심장은 뛰고 피는 돕니다. 눈동자는 좌우 위아래로 굴리고 입은 말을 건네고 귀는 열어 듣습니다. 바퀴, 당신의 동動이 무엇을 하든 자유롭기를 바랍니다.

《수필과비평》 2025, 5월호
《The 수필 2026 빛나는 수필가 60》 선정

주) HB 마실이

금왕, 단풍 갯벌에 들다

입추, 금왕지절金旺之節의 첫머리다. 새 세상을 이끌 자가 분연히 일어선다는 신호다. 폭염에 지쳐 가던 참이라 반가운 마음에 창문부터 열었다. 밖에서 맴돌던 열기가 냉큼 밀려든다. 숨이 턱 막힌다. 땀이 배어난다. 뙤약볕을 등에 업은 바다는 짙푸르고 매미 소리는 귀청을 때린다. 여전히 화왕천하火旺天下다. 휴가라는 명목으로 공장 기계를 멈추게 하고, 소몰이하듯 인간들을 냉방기 아래로 묶어두는 힘이다. 뻘에 사는 조개와 양식장 물고기의 생사를 쥐고 흔드는 권세다. 한번 오르면 내려오기 싫고, 영원토록 쥐고 싶은 것이 권력 아니던가. 아무리 무시무시한 숙살의 기운이 닥쳐온다지만, 어찌 하루아침에 왕좌에서 물러나겠는가.

계절이 경계에 섰다. 어디선가 전복을 노리는 입추 매직이 펼쳐지고 있지 않을까. 세력 교체를 기다리는 풋감은 나뭇잎 아래에서 차곡차곡 몸집을 늘리고, 붉노랑상사화는 풀숲에서 쭈뼛쭈

뻣 꽃대를 밀어 올린다. 은밀하게 찾아올 금왕은 어떤 자인가. 이름은 '가을'이라 부르고 태양 곁에 벼가 서 있는 '추秋'로 쓴다. 그가 나서면 서늘한 바람이 일고, 땡볕은 숨죽여 햇살이 따사롭다. 초목잎은 시들고 가지는 뻗어나가기를 그친 후 온 기운을 열매 안으로 갈무리한다. 오곡 알맹이가 부푼다. 군주의 덕이 넉넉하여 백성들 곳간도 그득해진다.

갑골문 '추秋'에는 거북 귀龜도 합쳐져 있었다. 귀龜의 형상을 귀뚜라미로 보는 학자도 있으나 다르게 해석해 본다. 여름과 겨울 사이에 끼어 있는 가을의 자리가 어정쩡하다. 이쪽도 저쪽도 아닐 때, 오감은 자극에 빠르게 반응하고 신경은 날카로워진다. 조그마한 기미도 민감하게 알아챈다. 고대 중국 왕들에게 점치는 일은 중요한 소임 중 하나였다. 자연 앞에 무력했던 그들은, 보이는 세상과 보이지 않는 세계가 따로 있는 것이 아니라 서로 통한다고 믿었다. 하여, 미세한 징조라도 알아내려 거북이 등껍질을 태웠다. 등껍질 안쪽에 홈을 파고 불로 달구어 표면에 '복卜' 자로 균열이 생기게 해 나타나는 모양을 보고 길흉을 판단했다. 미꾸라지나 거북의 살이 오르는 시기가 가을이다. 거북이 등껍질을 모으는 데 이만한 기간도 없었을 터이다. 비록 갑골문 '추秋'에서 빠졌지만 거북 귀龜는 고대인들을 도왔던 금왕의 흔적이지 않을까.

가을은 어디서 출발하는가. 팔도에는 계절 사냥꾼들이 활동한다. 카메라 셔터를 난사하며 밤낮 없는 추격전을 벌인다. 눈치 빠른 이만이 사철의 절정기를 정확하게 포획하여 사각 틀에 가둔다. 살 에는 칼바람을 견디며 감태와 파래 밭을 누비고 핏덩이로 얼룩진 동백나무 숲도 뒤진다. 이팝나무 철길을 수색하고 능소화 핀 골목에서 망을 본다. 노련한 엽사는 입추 무렵이면 금왕이 나서는 길목에 삼각대로 보초를 세운다. 그들에게 잠복하는 위치를 전달받는다.

염산면 야월리 1186-1번지. 휴대전화 화면 속 지도부터 살핀다. 알현할 장소가 특별하다. 흔히 쓰는 도로명 주소가 아니다. 인간 세계에서 마법 학교 호그와트로 가는 관문인 킹스크로스역 9와 4분의 3 플랫폼처럼 짠물과 민물, 갯벌과 간척지를 가르는 둑 어느 지점이다. 건물이나 마을은 멀다. 당연히 사람의 발길도 뜸하다. 한 발 내딛으면 갯벌로 떨어지고 뒤로 물러서면 논으로 처박힌다. 바닷물은 호시탐탐 둑 너머를 넘보고 육지는 야금야금 모래톱을 먹어 치운다. 변화란 경계를 넘어가는 일이다. 서로 다른 공간이 나뉘고 섞이는 틈에서 뜻밖의 사건은 시작되기 쉬울 테다. 누구의 눈치 볼 것 없이 새 군주를 영접하기에 안성맞춤이다.

표식은 단풍이다. 가을 초입이라 맛은 무르익지 않았고, 냄새는 더위에 억눌렸다. 그나마 쉽게 눈에 띄는 것이 색이다. 예로부터 조선 임금들은 대홍색 곤룡포를 입어 왔다. 적색 용포는 위엄을 나타내면서 멋스럽다. 군왕의 색이었던 붉은빛을 보면 곱게 물든 홍엽이 겹친다. 받아 든 주소에 도착하니 늦가을 산에서 봐 왔던 자줏빛 구릉이 바다에 깔렸다. 단풍 갯벌이다. 소금땅을 빼곡히 채운 것은 갯풀이다. 나문재, 퉁퉁마디, 해홍나물 등 바닷물 먹고사는 식물들이 뒤섞여 있으나 개중에 대다수는 칠면초다. 윗가지부터 빨간색으로 물들고, 아래에는 미처 벗지 못한 연초록 잎들이 차례를 기다린다. 언 땅을 녹이며 올라온 복수초가 봄빛을 깨우고, 보랏빛 폭죽을 터트리는 수국이 여름 장마를 부른다면, 자홍색 칠면초 군락지에서 금왕을 뵙는다.

칠면초는 다시마나 미역처럼 바닷속에 살지 않는다. 창포나 부들처럼 물가 식물이라 부를 수도 없다. 바다와 육지의 경계에서 간물과 단물을 모두 받아내며 산다. 물때에 따라 온몸이 바닷물에 잠겼다 드러나는 고된 삶이지만, 소금기를 빨아들여 걸러내며 두 세계를 끌어안는다. 뿌리내린 갯벌 또한 경계의 땅이다. 바다 영역에 속해 있으나 오롯이 바다가 아니다. 짱뚱어가 팔딱이고 농게가 집을 짓는 갯가 생명들의 터전이면서 내륙으로 향하는 태풍이나 해일의 걸음을 늦추는 가로막이다. 누군가는 칠면초나 갯벌을 회색인처럼 불온하게 여길 수도 있겠으나, 이어주고 끊어내는 역할을 묵묵히 수행한다. 여름을 달래 보내고 겨울을 불러오는 중계자의 탄생지로 이 얼마나 알맞은 곳인가.

삼복 호들갑은 가을이 지닌 음기라도 빌려 쓰려는 사람들의 얕은 술수다. 서슬 퍼런 여름은 그동안 땅으로 밀어넣었던 양기를 끄집어 올린다. 말복 더위 장막이 두텁다. 불볕 위세에 눌린 논바닥은 쩍쩍 갈라지고 그늘을 찾지 못한 염소 떼는 배를 뒤집어 숨만 헐떡인다. 물론, 흙속에 웅크렸던 씨앗을 틔워 키를 키우게 한 화왕의 공덕을 어이 잊겠는가. 덕분에 포기를 늘렸고, 벼꽃을 피울 수 있었다. 하지만 튼실한 알곡을 얻으려면 속살 채우는 시간이 필요하다. 자연은 사계四季에게 저마다 잘할 수 있는 임무를 가름하여 맡겼다. 변화의 대세는 거스를 수 없는 법. 여름이 아무리 몸부림쳐도 떠날 위기를 감지한 이의 마지막 발악임을 세상은 안다.

입추 전보를 보냈다 하나 추秋의 세력은 미약하다. 제대로 된 영역을 갖지 못한 존재는 미숙해 보인다. 경계는 담장이면서 통로다. 그곳에 선 자는 얽매이거나 갇히지 않아 자유롭다. 의지만 있다면 어디로든 얼마든지 뻗어 나갈 가능성을 지녔다. 가을은 기온 차가 벌리는 기회를 붙잡아 기세를 키워 갈 것이다. 머잖아 금왕의 치세 안으로 들어설 터이니, 나름의 결실을 준비해 볼 일이다. 칠면초가 붉은 기를 더해 염제炎帝를 밀어내도록 볕살은 더욱 뜨거워도 좋으리라.

갯골에 밀물이 차오른다. 염알이꾼 무리가 다가오는 듯하다. 파스텔화처럼 고랑이 지워진다. 단풍 언덕이 잠긴다. 어린 왕께서 잠시 몸을 숨긴다.

염산면 칠면초 군락지

꽃잎은 이울고

 어울리려면 눈에 거슬리지 않아야 한다. 아파트 화단 벚나무와 목련나무 사이에 비질 자국이 선명하다. 아주머니가 화단을 샅샅이 청소하고 있다. 나뭇잎이 떨어지기 무섭게 줍는다. 꽃잎 하나, 벌레 먹은 낙엽 한 장 보이지 않는 메마른 땅이다. 심지어 바람에 실려 와 싹 틔운 풀꽃이나 입주민이 심은 꽃나무는 화단을 어수선하게 만든다며 잡풀로 취급한다. 들키면 인정사정없이 뽑혀 쓰레기통에 버려진다. 자리 없는 설움은 사람만 당하는 게 아닌가 보다. 한바탕 빗자루의 요란한 수색이 끝난 목련나무 아래를 살핀다. 무참히 잘려 나간 꽃대궁 서너 개에 진물이 방울방울 맺혀 있다. 몇 해 전 내가 심어둔 꽃무릇이다.

 영광군 불갑사는 꽃무릇 군락지로 유명하다. 추석 무렵이면 절집 주변으로 온통 선홍빛 물결이다. 산 위에서 내려다보면 대웅전 건물이 화엄 세계에 들었다. 꽃무릇은 오롯이 꽃으로 피어난다. 꽃대 올리는 데 목적이 없다. 알뿌리를 키우고 늘리는 책임은 잎사귀가 전담한다. 씨앗 맺을 의무가 없으니 씨방을 두지 않으며, 벌나비 불러들일 향기조차 지니지 않는다. 꽃잎은 바람이 드나들도록 갈래갈래 길을 내고, 꽃술은 꽃잎을 벗어나 허공을 품는다. 살아 있음을 고스란히 색과 무늬로 드러낸다. 알아주는 이도 열매 맺을 일도 없는데 그저 피고 진다. 이 얼마나 한가로운 존재인가. 돈 되는 일 아니면 눈길 주지 않고 밥벌이에 도움되어야만 손을 치켜드는 우리네 삶과는 다르다. 그냥 꽃이어서 꽃이다. 때로는 우리 곁에 가벼운 존재 하나쯤 있어야 하지 않을까. 그래야 앞만 보고 내달리는 삶에서 가끔 숨이라도 고를 것 아닌가.

    서풍 타고 꽃무릇 소식이 들려오면 마음이 먼저 앞선다. 아는 맛이 무섭다. 제철 음식에 군침을 삼키듯 눈 감으면 훤히 그려지는 풍광을 연례행사처럼 보고 지나가야 마음의 계절이 바뀐다. 하지만 촘촘히 짜인 일상은 꽃 피는 철이라며 때맞춰 달려가기가 쉽지 않다. 인간사 무슨 일이든 제때만 맞출 수 있어도 절반은 성공일 터인데, 너무 일러 꽃봉오리만 영접하거나 색 바래고 고개 숙인 끝물 꽃대를 마주하기 일쑤다. 꽃 피고 지는 일은 자연의 영역. 자연은 인간의 오만을 곧잘 비웃는다. 사람이 정한 꽃축제 기간보다 늦거나 이른 꽃 절정 시기는 기껏 준비한 계획에 김을 뺀다. 하여, 자연을 경배하는 이들은 찬바람 일기 전 어김없이 찾아오는 꽃무릇에 호들갑 떨며 반기나 보다.

　잔꾀를 부렸다. 꽃의 시간에 맞추기 어렵다면 가까이에 두고 보면 될 일이다. 고향 지인의 밭둑에서 알뿌리 몇 개를 캐 왔다. 한없는 가벼움의 실체를 번잡한 도시로 옮겨 오는 일. 상상만으로도 발걸음이 가벼웠다. 잘 키워 보리라 각오를 다졌다. 알뿌리를 마늘쪽처럼 쪼개어 화분에 나눠 심었다. 볕 잘 드는 옥상에서 추우면 비닐로 덮어주고, 따가운 뙤약볕은 종이로 가려주며 정성을 쏟았다. 밤낮으로 돌보며 꽃대 올라오기를 학수고대하였다. 그러나 꽃무릇도 포기마다 나름의 생체 리듬이 있을 터. 겉만 살피느라 정작 안의 습성을 헤아리지 못했다. 이식하고서도 꽃을 피우려면 잎 지고 꽃 피기 전, 알뿌리가 휴식에 들어간 시기에 맞춰 옮겨야 한다. 내 감정이 중요하여 섣불리 캐오기 바빴을 뿐, 알뿌리의 침묵 속에 긴 기다림이 있다는 걸 몰랐다. 생명을 거두는 일인데 배우고 궁리했어야 했다. 나의 무지 때문에 꽃대는 여러 해가 지나도록 올라오지 않았고, 잎사귀만 무성했다가 시들었다.

　꽃잎은 이울기 마련이다. 인심도 변한다. 요즘은 변해야 산다며 변화를 부추기는 시대다. 꼬리에 꼬리를 물고 만개한 꽃송이보다 더 많은 사람이 북적이다가도 언제 그랬냐는 듯 꽃밭에 정적이 찾아든다. 어떤 대상에 대한 관심이 사그라들면 눈길부터 거둔다. 더 나아가 헤어질 결심까지 한다. 주택 옥상에서 키울 때는 개의치 않던 '화엽불상견花葉不相見'이라는 별칭이 아파트로 이사하면서 머릿속을 맴돌았다. 꽃은 잎을 보지 못하고 잎은 꽃을 보지 못하여 청승맞은 꽃이라며 울타리 안에서는 키우지 말라던 옛 어른들 말이 떠올라서다. 세상의 언어를 다 믿는 건 아니지만, 혹여 삶에 불길한 말의 기운이라도 미칠까 봐 베란다로 들이는 것이 꺼려졌다. 아니, 정확하게는 꽃무릇 키우기에 흥미가 떨어진 참이라 어딘가로 떠나보낼 핑곗거리를 찾고 있었는지도 모른다.

    꽃무릇은 흙바닥에 기대어 산다. 봄에 꽃눈을 틔우는 송족과 다르게 가을에 움을 틔운다. 울울창창한 나무 아래에서는 햇볕 쬐기가 쉽지 않다. 나무가 잎을 떨구어 산그늘이 헐거워지면 햇살은 숲 깊숙이까지 찾아든다. 그제야 낮게 사는 것들은 성긴 나뭇가지 사이로 내리쬐는 볕을 달게 받아들여 몸집을 늘린다. 남과 다른 방식을 택했다고 여린 꽃대까지 눈서리 맞으며 올릴 수 없지 않은가. 햇빛을 충분히 머금어야만 꽃색은 더욱 붉어진다. 꽃무릇이 불볕을 견디고 잎사귀 없는 꽃을 피우는 이유일 것이다. 세인들은 꽃무릇의 지혜로운 생존 전략을 인간의 잣대로 재어 입방아를 찧는다. 이룰 수 없는 '사랑의 꽃'이라느니, 독성이 강해 '죽음의 꽃'이라고 깎아내린다. 들리는 풍문이 억울하기도 하련만 꽃무릇은 묵묵히 세상 한편을 밝힌다.

    알뿌리를 화단 귀퉁이에 묻었다. 가끔 물 주고 거름 뿌리는 걸로 할 일 다했다며 자위했다. 꽃무릇 앞에서 머무는 시간은 줄었고 잊고 지내는 날이 늘었다. 언젠가 도롯가에서 서성이는 강아지를 본 적이 있다. 둘레길 걷는 사람처럼 길 따라 걷고 있었다. 말끔한 털빛으로 보아 어느 집 안방을 드나들며 재롱부렸을 아이였다. 그 곁으로 서늘한 바람이 따르는 듯했다. 주인은 어디 있을까. 의문을 차창에 매달고 지나왔던 기억이 또렷하다.

풀벌레 벗 삼고 이슬에 목 축이던 밭둑에서 영문도 모른 채 떠나온 꽃무릇이다. 태어날 때부터 몸에 밴 흙냄새가 그리웠을 테고, 옹기옹기 모여 살던 곳으로 돌아가고 싶었을 게다. 결이 다른 바람에 부대끼며 낯선 땅에 뿌리내리느라 속울음은 또 오죽 흘렸을까. 그것도 모자라 어렵게 밀어 올렸을 꽃대가 꽃을 피워 보지도 못한 채 빗자루의 휘둘림에 맥없이 꺾였다.

식어버린 마음처럼 덧없는 말이 있을까. 필요에 의해 데려왔으면서 간절함은 사라지고, 곁에서 내치고도 미안함을 모르는 당당함이라니. "사랑이 어떻게 변하니?"라던 영화 대사가 뒤통수를 찌른다.

계간 《현대수필》 2024, 가을호

꽃무릇

분홍상사화

우물의 기억

 뚫고 나오는 것은 나아갈 힘을 가졌다. 바싹 마른 가지에서 돋아난 두릅순과 서릿발 녹이며 피어난 노루귀꽃은 안으로 강인한 생동의 에너지를 품고 있다. 골짜기에 흐르는 시냇물은 순해 보이나 솟구치는 물기둥은 흙속의 것들까지 거침없이 쏟아낸다. 사람들은 그 힘을 끌어 모아 생명수로 사용한다.

 담쟁이 잎이 점령한 돌담과 반듯하게 열을 맞춘 벽돌담을 지나 빗물 자국이 덕지덕지 새겨진 흙담이 연이은 고샅길이다. 구불거린다지만 편평하게 단장된 골목인데, 자동차는 다소곳이 속도를 줄이고 보행보조기를 미는 노인들이 에둘러 다닌다. 주춤거리게 하는 주범은 과속 방지 턱이 아니라 사각 우물이다. 그것도 이쪽에서 소리치면 저쪽에서 선명하게 들릴 곳에 하나 더 놓였다. 줄 지은 두 우물이 갈림길마다 턱 하니 버티고 섰다. 검불도 들어가지 말라는 듯 애지중지 철재 뚜껑까지 덮어두었다. 비뚤배뚤 쓰인 '쓰레기투입금지'라는 붉은 글씨가 눈길을 잡아 끈다.

　우물은 마을의 중심이었다. 물 따라 인연이 모이고 발길이 흩어졌다. 비록 지금은 정오의 햇살이나 엿보고 지나던 실바람이 쉬어갈 뿐 찾는 이조차 없으나 누천년에 걸쳐 숨 쉬는 것들을 살렸다. 들여다보는 눈동자를 물빛이 받아 되쏘아 올린다. 이마로 내리쬐는 볕살은 눈부시나 정작 안은 자세히 볼 수가 없다. 켜켜이 내려간 어둠의 깊이가 가늠되지 않아 정신이 아득해진다. 정수리를 짓누르던 양철 물동이 무게와 푸성귀를 씻으며 주고받던 수

백수읍 대전리 우물

다들이 소쿠리 가득 전해 주던 찬거리 정과 뒤섞인다. 손을 내밀어 깊숙이 잠겨 있던 우물의 기억을 건져 올린다.

백수읍 대전리가 공식 지명이고 '한밭뜰'이라고 부른다. 땅덩이가 넓어서인지 한때는 의식주가 넉넉한 부촌이었다. 오유당 고택이 남아 있어 마을의 옛 영화를 전한다. 동쪽 샘에서 뻗어 나간 골목 끝 집에 지암동댁이 살았고, 서쪽 샘 줄기 막바지가 금순 씨의 양옥집이었다. 금순 씨는 지암동댁의 막내딸이다. 동서 우물이 어깨를 겯듯이 모녀는 텃밭을 사이에 두고 저마다의 살림을 꾸렸다. 된장에 버무린 냉이나물이 밭둑을 타고 건너가면 어슷하게 썬 무를 깐 조기가 뻘건 양념장을 뒤집어쓴 채 담겨 왔다. 바짝 마른 콩대를 도리깨질할 때나 툇마루에 부려 놓은 태양초 꼭지를 딸 적엔 나직한 말소리가 장단을 맞췄다.

물골이 통해서인지 물맛이 닮았다. 이어진 것은 서로를 지켜야 공존한다. 한쪽 우물이 병들면 다른 편 물도 마실 수가 없다. 금순 씨는 휘청거리는 친정어머니의 발걸음을 살폈고, 지암동댁은 딸의 어두운 얼굴빛만 봐도 가슴이 내려앉았다. 집안 몽둥이도 일한다는 농사철에는 음식 맛 좋기로 소문난 지암동댁이 나서 손맛 버무린 찬을 날랐고, 풋고추가 물들어 가는 계절에는 이파리 우거진 고춧대 사이로 굽은 허리를 더욱 구부렸다. 딸의 일손을 덜어 보겠다는 심사였으나, 어느 순간 금순 씨의 만류하는 몸짓이 한가롭던 밭가 수숫대를 흔들었다.

물은 흘러 인연을 잇는다. 한밭뜰로 이사 오기 전, 바닷가 동백마을 윗샘 물을 먹고 자란 금순 씨는 아랫샘 옆집 박 씨에게 시집갔었다. 과수댁에겐 한동네 사돈댁이 보이지 않는 초병이지 않았을까. 나서기보다 뒤로 물러섰고, 듣고 보았지만 입을 닫았다. 우물가로 풍문이라도 떠돌까 염려하여 딸이 사는 아랫샘 근처로 내려가는 숨길조차 삼갔다. 아래로 흐르는 것이 물의 순리라 했던가. 금순 씨는 시어른 봉양하고 아이들 건사하느라 친정 근처 윗샘으로 오르기가 쉽지 않았다. 동기간이 왔다는 소식을 들어도 한달음에 달려가지 못했다. 아랫샘 터에서 윗샘이 머문 능선을 바라보다 고개를 돌렸었다.

지척에 있어도 우물마다 간직한 내막이 다르다. 천성이 부지런한 금순 씨는 밭을 늘리고 논을 사들였다. 그녀는 아랫샘을 떠나 새 터전인 한밭뜰 양옥집으로 이사하였고, 윗샘물을 드시던 친정어머니도 가풀막진 골목에서 정갈한 기와집으로 모셔 왔다. 가깝다고 좋기만 할까. 모녀는 허물없이 지내는가 싶으면서도 턱밑거리만큼 수시로 부딪쳤고, 서운함을 내비치지 못해 앙금을 남겼다. 금순 씨는 농사지은 잡곡과 갖은양념이 도시 사는 언니나 조카에게 쥐어지는 것을 알기에 속앓이를 했다. 주는 것이 아까워서가 아니었다. 금순 씨 집에는 신발 벗어 들어오지도 식탁에 앉아 밥숟가락 뜨지도 않으면서 어쩌다 언니들이 온다는 기별을 받으면 읍내 장까지 다녀오는 어머니의 속내가 내심 불편했다. 한 우물에서 퍼져 나갔으나 자신에게 오는 물고랑만 유독 얕아 보였다.

물길을 바꿨더라면 나았을까. 지암동댁 방문에는 그림자가 홀로 일렁였다. 헛헛한 가슴을 손바닥이 부르트도록 긁어대는 호미질과 살 에는 갯바람 맞서는 조새의 날갯짓으로 채웠다. 자식에게만은 억척스럽게 밭고랑 갈아엎는 고단함을 물려주고 싶지 않았다. 하지만 농사일에 파묻혀 사는 딸의 살결이 타다만 부지깽이처럼 그을리고 볼살이 몰라보게 야위어 갈 때는 다독이지 못한 속이 타들어 갔다. 가난을 물려주고 질긴 연줄로 이어놓은 것이 당신 탓처럼 여겨졌다. 부모 자식이라는 숙명은 피할 수 없다지만 삶이라도 떨어진다면 어미 닮은 운명이 방향이라도 틀어줄까. 모진 결심으로 딸을 품에서 밀쳐내었고, 딸네 마당은 서성여도 문턱을 넘진 않았다. 그런 날에는 불 꺼진 문틈으로 시린 한숨이 새어 나왔다. 오가는 발길이 끊긴 밭둑은 한동안 키 큰 쑥부쟁이로 뒤덮였다.

낡은 울이 폭우로 무너졌다. 마을 사람들이 울력을 나서 허물어진 벽체를 다시 조각돌로 끼워 맞췄다. 이끼를 걷어내고 가라앉은 흙덩이며 돌멩이도 치웠다. 앓아누운 금순 씨 안방으로 절뚝걸음이 백합죽 그릇을 받치고 들어섰다. 뜨거운 죽을 식히는 주름진 입김이 뭉친 응어리를 풀어헤쳤다. 담장 넘어온 감나무 가지에 연두 움이 트고 마당가로 보라색 꽃눈이 땅거죽을 밀어내는 봄날, 우물 옆 공터에 주차된 관광버스가 우르릉거리며 대문 나서기를 재촉했다. 버스에 오르려는 금순 씨 잠바 주머니에 흰 봉투를 찔러주고 돌아서는 굵은 주름이 그제야 가늘게 펴졌다.

물의 서사를 이을 우물이 메말라 간다. 젊은 가슴이 부풀어 오르는 횟수가 줄어들고 젖몸살도 옛말이 되어 간다. 무너진 기와집은 쑥과 냉이에게 터를 내주었고, 갈 곳 잃은 골목길은 휑하니 웅크렸다. 마중물 덮어쓰던 작두샘 자루에 시뻘건 녹만 더께를 더한다. 바람결에 오래된 우물이 묻는 듯하다. 언제든지 손잡이만 돌리면 맑은 물 쏟아지는 수도꼭지 세상은 막힘없이 흐르느냐고.

〈수필과비평작가회의〉 2025, 제31호

미尾

꼬리는 한 번도 앞장서 본 적이 없다. 머리가 향하는 곳으로 발길이 가는 대로 뒤따른다. 한자리에 안주하고 싶은 바람도, 산과 들로 떠돌고픈 유혹도 제 몫이 아니다. 구부리고 휘어 돌아 세상의 흐름에 맞춘다. 움켜쥐려 달려들지 않으며 잘났다고 내세울 줄 모른다. 눈에서 멀어도 마음을 구걸하지 않는다. 그저 반가우면 바람결에 털끝이나 흔들고, 밟히면 꼬리뼈를 곧추세워 자신의 존재를 알릴 뿐이다.

태양이 수평선에 꼬리를 걸치는 시각, 백암리 석구미石九尾 마을 맨 아랫집 마당가에 섰다. 더 이상 걸음을 내딛지 못한다. 바닷물은 발밑에서 쉼 없이 굼실댄다. 갯벌을 삼키며 달려온 너울이 마당까지 넘본다. 파도는 바위에 부딪치며 격정적인 선율을 만든다. 방어선 뚫린 땅끝은 밀려드는 파도에게 마지노선까지 내어줄 참이다. 하루의 꼬리를 보기에 이보다 더 적당한 곳이 있을까.

꼬리 아홉 개 달린 여우 전설을 듣고 자랐다. 드라마 〈전설의 고향〉이 방영되는 날에는 무서움에 이불을 덮어쓰면서도 거르지 않고 봤던 기억이 있다. 그 당시 구미호를 연기하는 여배우들은 하나같이 아름다웠다. 미물인 여우가 매혹적인 여인으로 변신한다는 설화는, 한창 외모에 관심 가질 사춘기 소녀에게 꽤 흥미로운 이야기 소재였다. 타고난 모습을 바꿀 수 있다니. 혹여 여우의 영묘한 힘을 갖는다면 미스코리아처럼 어여쁜 여성이 될 수도 있겠다는 엉뚱한 공상을 즐겼다. 어른이 된 후 구미호 전설은 다르게 다가왔다. 옛사람들에게 아름다운 여성은 다산의 상징이지 않았을까. 아홉은 꽉 채워진 수인만큼 넉넉함을 대표하는 숫자다. 결국 구미호 전설에는 풍요로운 자손 번창을 원하던 사람들의 염원이 숨어 있는지도 모른다.

동물의 꼬리는 종종 인간의 삶에 빗대어진다. '언 강물 위를 걸어갈 때는 여우처럼 행동하라'는 말이 있다. 여우는 조심성이 많아 함부로 움직이지 않는 짐승이다. 강물이 풀리는 봄, 노련한 여우는 얼음 깨지는 소리에 귀 기울인다. 가장 단단한 곳을 면밀하게 둘러보며 건널 곳을 신중하게 찾는다. 반면에 세상 물정 모르는 어린 여우는 무작정 내달린다. 그러다 살얼음 지점에 다다르면 순식간에 얼음판이 깨져 온몸은 물론 꼬리까지 적시고 만다. 초보 시절엔 강 하나 건너는 일조차 만만치 않다. 여우가 꼬리를 적셨다는 것은, 작은 재주를 헤아리지 않고 경솔했다는 경고다. 시작은 쉬우나 끝마치기는 어렵다는 말이기도 하다. 지혜로운 사람은 여우의 습성에서도 배울 점을 구한다.

어지간한 용기로 호랑이 꼬리를 밟을 수 있을까. 상상만으로도 매우 위험한 일이다. 선현의 글에는 '호랑이 꼬리도 밟아야 할 때가 있다'며 예화로 등장한다. 왜 굳이 맹수의 꼬리를 밟아야 하는가. 인생길을 걷노라면 평탄한 길만 놓이지 않는다. 도저히 넘어설 수 없을 것 같은 장애물도 나타나기 마련이다. 그럴 때마다 두려운 존재라며 주저앉거나 되돌아가야겠는가. 뭔가를 얻기 위해서는 머무르지 말고 전진해야 한다. 과감한 시도가 필요하다. 호랑이 눈치를 예민하게 살피며 바짝 뒤에서 좇는 기백이 요구된다. 여기서 호랑이는 걸림돌만을 뜻하지 않을 것이다. 내게 명리학을 가르친 스승은, 항상 자신을 뛰어넘는 상담가가 되라며 입버릇처럼 말하였다. 발자취를 따라가다 보면 허점도 보일 것이고 기회도 생길 터이다. '호랑이 꼬리 밟기'는 청출어람의 또 다른 표현이라 여겨진다. 일부러라도 자신의 호랑이를 찾아 나설 일이다.

꼬리 신세는 서럽다. 귀퉁이 외지고 구석진 곳에 매달렸다. 사람들은 중심에서 떨어져 있으면 하찮게 다룬다. 소유권은 있으나 주체로서 권리 행사가 어렵다. 몸통의 덤으로 간주해서인지 들락거리는 핏줄마저 가늘다. 그마저도 위험에 처하면 목숨 부지를 위해 잽싸게 잘려 내쳐진다. 조각난 꼬리에는 시인의 귀에만 들리는 욕지거리가 남아 있다. 인간은 손발처럼 긴요하게 쓰이지 않는다며 아예 퇴화시켜 버렸다. 끄트머리의 작고 힘없는 외침은 묵살되기 십상이다. 중앙까지 올라가지 않는다. 하여, 외면하고 벗어나려 몸부림치는데도 삶 대부분은 꼬리 위치에서 맴돈다.

'쥐꼬리를 자르지 말라'는 하소연을 들었다. 프랜차이즈 매장은 언제든지 직원 대체가 가능한 일터다. 이곳에서 근무하는 이는 시간 단위로 일의 대가를 정산받는다. 월급을 받고 보니 일한 시간만큼 계산되지 않았더란다. 이런 경우가 한두 번이 아니라면 사장의 의도가 미심쩍다고 토로한다. 안정된 직장이나 뛰어난 기술을 가지지 못한 처지를 한탄한다. 쥐꼬리는 적은 급여의 대명사다. 조직의 말단에서 일하는 자는 보수를 빠짐없이 챙겨 받아도 생활 자금이 빠듯하기 일쑤다. 이마저도 깎인다면 얼마나 기운 빠질까. 예나 지금이나 쥐꼬리 끊기는 일이 비일비재했음을 상기시킨다. 잘리는 일은 고사하고 떼이는 쥐꼬리 또한 어찌나 잦던지. 그럼에도 불구하고 소시민은 일할 곳이 있다는 것만으로도 감지덕지하며 치켜들려는 엉덩이에 힘을 준다. 꼬리를 바짝 내린다.

꼬리는 억울하다. 변두리에 놓인 것은 숙명이었다. 가운데에 비해 가장자리에 대한 차별은 이미 알려진 터. 속담으로도 '오뉴월 마파람에 돼지 꼬리 놀 듯' 볼품없다며 깎아내리고, '노루 꼬리가 길면 얼마나 길까'라며 가진 능력을 가벼이 여긴다. '개 꼬리 삼 년 묵어도 황모 되지 않는다'며 상황을 개선해 보려는 의지마저 좌절시킨다. 심지어 원만한 인간관계를 위해 애쓰는 노력조차 '꼬리 친다'로 낙인찍는다. 중심에서 멀다는 이유가 얕잡아 볼 구실은 아닐 것이다. 위와 아래는 상대적일 뿐이다. 너도나도 한복판으로만 몰리다 보니 피 터지는 경쟁에 시달릴 수밖에.

바다 물결 따라 은빛 줄이 출렁거린다. 해꼬리는 구름이 지날 때마다 감춰졌다가 드러나길 반복한다. 단절과 이어짐의 연속이다. 사람들은 왜 바닷가를 찾고 해넘이에 열광하는 걸까. 경계선에 서서 무엇을 보고자 하는가. 끝에도 꼬리가 있음을 떠올린다. 벼르다 던진 사직서 다음 내밀어야 할 이력서, 이별 뒤에도 꿋꿋하게 키워야 할 어린 자식들, 세상을 떠난 이가 두고 간 숙제들, 꽃이 져야만 달리는 열매. 끝나서 후련하기도 하지만 끝이어서 아쉽기도 한 것이 우리네 삶이다. 생이란 시작과 끝이 악착같이 따라붙는 꼬리물기임을 일깨운다.

꼬리라서 다행이다. 후미진 덕분에 호젓하다. 복잡한 세상사 피하고 싶을 땐 훌훌 털고 은거하기에 안성맞춤이다. 깃들 곳이 아홉 자리씩이나 있으니 고르는 재미도 쏠쏠하다. 멱살을 붙들리면 얼굴이 붉어지나, 까짓것 꼬리쯤이야 잡혀줄 수 있다는 너그러움도 지녔다. 삶에는 전복과 반전이 오가는 법. 앞에서 이끄는 임무를 짊어지기도 하고 뒤에서 받쳐주는 역할도 주어진다. 삶의 맛은 어두육미처럼 머무는 자리에서 재량껏 건지면 될 터이다. 때로는 꼬리가 몸통을 흔들 수 있으니 긴장하시라.

    어둠이 낮의 꼬리표를 뗀다. 핏물 같던 붉은 흔적이 흩어진다. 광활한 흑판에 빗금 그을 별똥별을 기다린다. 하늘 가르는 긴 꽁지에 소원 하나 매달고 싶다.

《좋은수필》 2025, 여름호

백수해안도로 갈매기상

본디 그러한 대로

　요리 합주단이다. 첫 악장은 혀끝을 간질거리는 전주곡이다. 붉은빛으로 눈을 쏘더니 음표가 목젖에 닿기도 전에 잇새에서 녹는다. 새콤한 맛만 뒤끝에 남아 침샘을 자극한다. 흩날리는 꽃잎을 손 내밀어 잡지 못할 때처럼 아쉬움이 밀려든다. 빨리 다음 악장이 연주되길 기대하게 한다. 둘째 장은 바삭함에 두툼함을 얹었다. 요리계의 고전이다. 긴 시간 솥 안에서 삶긴 가락이 오븐에 옮겨져 반질반질한 갈색으로 덧입혀 나온다. 알던 음에 깐깐한 손맛이 더해졌다. 익숙한 선율이라 더욱 반갑다. 오랫동안 곱씹으며 음미한다. 지푸라기 우걱거리는 소리가 귓전에 들리는 듯하고 풀밭에 누워 있는 나른한 오후가 스친다. 되새김질할수록 고소한 리듬이 뒤따르며 혀 돌기들이 육즙에 젖는다. 하지만 감질나는 양에 미련 가득하여 선뜻 식도로 넘겨주기가 싫다.

　무대는 두세 평 남짓하다. 광안리 해변이 지척이고 도로에서 벗어나 한적한 골목에 음식점이 자리했다. '미락슈퍼'라는 돌출 간판도 없으니 유심히 살피지 않으면 그냥 지나치기 십상이겠다. 오늘 연주자는 셋. 그들은 칼과 도마, 가스레인지와 오븐, 집게와 그릇들을 바꿔 가며 음을 표현한다. 갈고 썰고 담고 뿌려 꾸민다. 관객은 손을 뻗으면 닿을 거리에서 그들의 정교한 칼질을 지켜보고, 옷깃이 닿아 흔들리는 연기의 곡선까지 감상할 수 있다. 곡 선택은 연주자에게 일임되었다. 이곳에서는 김치찌개와 된장찌개, 짜장면과 짬뽕 사이에서 고민할 필요가 없다. 그날그날의 재료에 따라 다른 곳에서 만날 수 없는 음식이 나온다. 한 번쯤은 메뉴 고르는 수고 대신해 차려지는 대로 먹는 방법도 괜찮다. 관객은 어떤 먹거리가 어떻게 변화되었을지 상상할 수 없기에 더욱 접시 위를 집중하게 된다. 더불어 공연의 한 축을 담당한다. 요리사가 내딛는 박자에 맞춰 관람자도 적극적으로 호응해야 음악회는 완성된다. 작은 가게가 순식간에 공연장이자 감상실로 변한다.

밥상 협주곡이다. 된장 푼 냉잇국이 숟가락을 부르고 미나리 절임에 감싼 고기가 젓가락을 재촉한다. 지휘자가 해설을 곁들인다. 예술품은 해석하는 이의 몫이라지만 창작자의 의도를 알면 좀 더 깊게 느낄 수 있다. 음식 맛은 제철 식재료가 좌우한다. 새벽부터 공판장을 누비고 틈만 나면 바다를 훑고 온 어부에게 전화를 건다. 정성 가득한 음식이란 이런 섬세한 노고까지 보태진다.

설명에 귀 기울이는데, 영광군에서 '새청무'라는 감칠맛이 강하며 식감이 쫀득한 우리 쌀을 찾았노라 무심하게 툭 뱉는다. 외래 품종을 대체했다는 말까지 덧붙인다. 해외에서 한국 사람이 지나가면 낯선 이라도 불러 세우고 싶을 정도로 반갑고, 타지에서 고향 말투만 들려도 고개가 저절로 돌아가지 않던가. 영광이라는 지명을 듣는 순간, 나도 모르게 귀가 먼저 열린다.

밥심을 얻는데 쌀만 한 것이 있을까. 한 끼를 먹든 햇반을 돌리든 보리나 콩을 넣어 잡곡밥을 짓든 기본은 쌀이다. 최고의 밥맛을 위해 요리사는 벼 수확기마다 전국을 돌아다닌다. 품종마다 다른 고유한 특징을 직접 체득한다. 예찬쌀은 밥알이 탄력 있고 크기와 찰기가 초밥용으로 적당하고, 영호진미는 씹을수록 고소하여 돌솥밥용으로 쓰인다. 매끈하고 담백한 맛이 인기 있는 삼광미는 주로 충청도에서 배달된다. 쌀알이 굵고 구수한 오대쌀을 구하려 강원도 철원까지 쫓아간다. 단맛이 돌고 오래 두어도 변색이 적은 밥을 지으려면 가까운 경상도에서 영호진미를 주문한다. 남의 땅에서 빌려온 추청벼나 고시히카리 일본 품종을 경기도에서 해들쌀과 알찬미 국산 종으로 교체해 수출까지 나섰다니, 한달음에 달려가 가져온다. 늦가을 여행지는 남도 들녘이다. 새청무쌀과 신동진쌀은 전라도의 온화한 기후 덕분에 알곡이 온전히 여문 뒤에야 수확한다. 새청무 백미의 밥맛이 유독 달게 느껴진 이유이지 싶다.

　같은 품종이라도 날씨와 토질에 따라 밥맛 차이가 난다. 농부는 땅의 특성을 훤히 안다. 군서면 가사마을 일대는 모래가 적은 흙이다. 찰진 성질은 세찬 바람이 불어도 뿌리를 야무지게 껴안아 줄기가 쓰러지지 않도록 버틴다. 화학 비료를 줄이고 최대한 지력으로 키운다. 불갑천을 타고 오는 염기 섞인 해무까지 깔리면 병충해 걱정도 덜어낸다. 든든한 땅심에 기댄 새청무쌀은 특유의 본성대로 껍질을 도톰하게 두르고 낟알을 마음껏 늘린다. 자연에 순응해 사란 벼는 알갱이가 투명하고 속이 알차 밥을 지으면 윤기가 흐르고 쫄깃하니 맛깔스럽다. 맛난 종자는 널리 나눠야 미덕이다. 국립종자원의 엄격한 검사를 통과해 농가 보급용으로 볍씨를 생산해 내는 채종포 단지가 영광군에는 여러 군데다.

　요리사는 재료 본연의 맛을 살리려 발로 뛰고, 농부는 땅의 본질대로 작물과 조화를 이루려 애쓴다면, 사람의 본성을 지키는 교육은 어떠해야 하는가. 배움터에서 묶는 규칙이 많을수록 학생 관리는 편하고 선생의 공력은 느슨해지지 않을까. 아이들이 타고난 성품대로 자라면서 자연의 질서를 익히는 것이 순리임을 알면서도 공교육은 오선지에서 벗어난 음표를 꺼린다. 사회에서 연주하기 편리한 악보로 그려지길 원하고, 누구에게나 맞는 곡을 들려주길 바란다. 그렇게 훈련받은 무리와 섞이지 못하고 자신의 기질을 강하게 드러내면 어느 순간 그룹에서 내쳐지기도 한다.

영산성지고등학교는 대한민국 제1호 사립대안학교다. 그곳에서는 머리와 몸을 조이고 손발을 속박하는 교육에서 떠나온 아이들이 언제든지 자유롭게 움직이도록 풀어놓는다. 교사의 역할이란 가르치는 것이 아니라 학생이 택한 길을 곁에서 같이 걸어주는 것이라 믿는다. 세상이 원하는 규격보다 좀 휘었으면 휜 대로, 옆으로 삐져나왔으면 그것을 장점으로 삼으며 숨은 재능을 찾도록 이끈다. 스스로 삶의 방향을 정하고 선택에 책임지도록 맡긴다. 교육자는 학생들이 물레를 돌려 흙을 주무르고, 텃밭에 씨앗을 뿌리고, 반죽을 치대 빵 굽는 과정을 지켜보다가 미숙한 부분을 도와줄 뿐이다. 개성이 존중되고 취향을 배려받은 이들은 자신감이 생길 테고, 그 무엇과도 바꿀 수 없는 소중한 존재라는 사실도 알아 갈 것이다.

요리사의 몸짓이 바빠진다. 계란찜 같은 보드라운 빵이 오돌오돌한 석류알에 둘러싸였다. 그 위로 현악기 줄을 켜듯 트러플버섯 덩어리가 강판에서 오간다. 가루가 된 검은 음표들이 우수수 내린다. 화룡점정이다. 부드러운 식감과 딱딱한 감촉이 어우러지고 흑과 백이 섞인다. 평범했던 먹는 행위가 음악을 듣고 그림을 보는 낯선 경험으로 바뀐다. 찻물 한 모금을 삼킨다. 순서를 기다리던 작품이 출발한다. 본디 그러한 대로 쇼는 계속 이어진다.

군남면 지내들 모내기

백수읍 하사리

조새

바위에 부딪힌 파도가 하얀 가루로 부서진다. 육지까지 올라올 것처럼 밀어붙이는가 싶더니 어느 샌가 뒷걸음치는 고양이처럼 슬금슬금 꽁무니를 뺀다. 그제야 파도에 몸을 내어주었던 바위들이 바닷물 사이로 하나둘 되살아난다. 해안가 사람들이 오밀조밀 동네를 이루듯 갯바위에도 다닥다닥 갯것들이 모여 산다. 숨어 있던 게들이 슬그미 기어 나오고, 엎드렸던 따개비와 굴들은 참았던 긴 숨을 토해 낸다.

추위가 뼛속까지 스며드는데 낡은 가방을 멘 노인이 모자바위 아래로 얼른거린다. 한 손에는 바구니를 들었고 다른 손에는 길쭉한 쇠갈고리를 쥐었다. 이 바위에서 저 돌 위로 경중거린다. 적당한 자리를 물색했는지 굽은 허리를 더욱 깊숙이 구부린다. 돌돌 말아놓은 거뭇한 보따리 하나 바위에 얹어 놓은 것 같다. 가까이 다가가 보니 손에 들린 것은 '조새'라고 불리는 도구이다.

조새는 굴과 짝이다. 낫이며 호미와 삽은 여러 용도로 사용되는데, 조새는 오로지 굴을 채취하기 위해 만들어진 기구이다. 장날이면 장터에 대장간이 문을 연다. 입구에 폐차장에서 사 온 두꺼운 강철판을 쌓아놓았다. 한 시대를 살아낸 폐강판에는 멍 자국 같은 검붉은 더께가 두껍게 앉았다. 대장장이는 강판을 용접 불로 길쭉하게 자른 뒤 불에 달구어 무거운 쇠망치로 내리친다. 수없이 내쳐지는 망치 끝에서 시뻘건 쇳덩이의 낡은 허물이 한 꺼풀씩 흘러내린다. 마치 우화하는 나비처럼 버려진 강판이 손끝에서 어구와 농기구와 공사장 연장으로 탈바꿈한다. 인간의 삶도 변하려면 저렇게 달궈지고 세상의 수많은 망치질을 견디는 시간이 필요한 것인가. 인고의 시간을 버텨낸 조새들이 어깨를 한껏 들먹이며 대장간에 도열해 있었다. 큰 날은 쪼빗한 쇠를 두툼한 나무 끝에 끼우거나 길게 반원으로 휘어 꼬아 무게감을 주었다. 반대편 작은 날은 연한 굴을 들어내기 편하도록 얇은 쇠꼬챙이 끝을 날카롭게 벼려서 약간 구부렸다. 감히 작은 용구라고 가벼이 여길 수 없다.

노인이 조새로 굴을 까기 시작한다. 눌러쓴 모자 아래로 검은 머리카락을 찾아보기 어렵다. 마흔 살에 남편을 여의고 고향으로 돌아왔다고 했다. 자식들은 대처로 나가 제 앞가림 정도는 하겠지만, 자신의 생활비는 스스로 해결하기 위해 썰물을 기다렸으리라. 밀물 때까지 몸을 바지런히 움직이면 하루 몇 만 원어치는 거뜬히 얻는다는 목소리가 추위 따윈 아랑곳하지 않고 당당하다. 올해는 여름 장마가 긴 탓에 석화 수확량이 적다면서 조금이라도 굵은 씨알이 있는 바위로 옮겨 다닌다.

이야기하는 동안에도 손은 쉬지 않고 조새를 움직인다. 노인의 손놀림이 기계처럼 정교하다. 쇠의 무거운 쪽 끄트머리가 새 부리처럼 뾰족하다. 닭이 모이를 쪼듯 굴 껍질을 향해 탁탁 내리치면 아무리 단단한 껍데기라도 단숨에 부서진다. 벗겨낸 표피 속에서 바다가 그동안 키워둔 굴이 탱글탱글한 자태를 드러낸다. 곧바로 조새가 방향을 돌려 날갯짓을 하니 가느다란 쇠꼬챙이 끝에 부드러운 속살이 매달렸다. 일련의 행동이 물 흐르듯 자연스럽고 숙련된 칼잡이 동작처럼 재빠르다. 노인이 굴을 보지 않고 던지는데도 자석에 쇠가 따라붙듯 쏙쏙 빨려 들어간다. 뽀얀 굴들이 수북이 쌓인 바구니에 바다향이 밀려와 코끝에 닿는다. 노인의 굴 까는 모습에서 삭풍 부는 바위에 웅크리고 앉아 굴을 좇던 외할머니를 소환해 온다.

한국전쟁 중에 외할머니는 남편을 잃었다. 공산군이 마을 장정들을 학살할 때 외할아버지도 억울하게 희생당하셨다. 안타깝게도 첫아이인 내 어머니를 임신한 상태였다. 유복자였던 갓난아이를 품에 안은 채 살길이 막막해진 외할머니는 새 삶을 택했고,

두 딸을 더 낳았다. 조새는 나무 손잡이가 중앙에 있고 좌우로 전혀 다른 형태의 쇠갈퀴가 부착되었다. 그 생김새는 성씨 다른 이모들과 어머니가 외할머니의 양옆에 기대어 사는 모습처럼 좌우 대칭을 이루지 못하고 매우 기형적이다.

동백꽃이 흐드러진 동백끼미는 서해 바닷가 마을이다. 경사가 심해 밭농사만 지을 수 있을 뿐 바다 외에는 생계를 위해 바라볼 것이 없는 동네였다. 여인들은 남자들이 개매기 어업으로 잡아온 생선을 손질하거나 손에 물집이 잡혀 물러터지도록 호미질을 해가며 넓은 갯벌에서 어렵게 조개를 캤다. 바닷물이 빠지고 나면 물기 머금은 바위에 미끄러지지 않도록 쪼그리고 앉아 굴을 까는 작업도 여자들에게 고된 노동 중 하나였다. 동네 해안에 굴이 잘 자라주면 그나마 나았으나, 굴 흉년이 든 해에는 함평 해안까지 굴 까기 품팔이를 다녔다.

굴 까는 일은 주로 늦가을부터 겨울 동안 이어졌다. 외가에서도 동네 사람들처럼 집안 여자 숫자대로 조새를 준비해 두었다. 외할머니 조새와 이모들 조새 그리고 어머니 조새가 나란히 흙벽에 걸려 있었다. 그중에는 내가 쥐던 새끼 조새도 있었다. 이모들과 어머니는 자신들의 처지를 닮은 조새를 들고 간조 시간을 기다려 찬 바다로 내려갔다. 두 쇠날의 역할은 다르지만 한마음으로 움직여야만 굴을 깔 수 있는 조새처럼, 삶이라는 거센 바다에서 그녀들은 서로를 지탱해 주는 조새의 양쪽 날개였다.

조새를 벽에서 내릴 때는 어디선가 찬기가 일었다. 그럴 때면 조새는 북쪽에서 냉풍을 몰고 날아오는 철새 같았다. 외할머니는 숫돌에 조새 날을 슥슥 갈아 여름내 쌓인 붉은 녹을 털어내었다. 쇠날을 가는 당신의 뒷모습은 금방이라도 땅속으로 꺼져버릴 것처럼 고단해 보였다. 염분에 썩어 가던 나무 손잡이는 장날 대장간에 가지고 가 새 걸로 갈아 끼워 왔다. 양날이 잘 벼려진 조새는 생존이라는 전장에서 자신을 보호할 갯마을 여인들의 수단이었다. 짭조름한 굴이 바닷가 아낙들의 농한기 수입원이 되어줄 때 조새는 양쪽 날개를 퍼덕이며 그들을 도왔다. 조새는 외할머니에서 어머니와 이모로, 다시 그들의 딸로 흘러가던 바닷가 여인들의 운명을 대변하였다.

노인의 굴 까는 모습을 물끄러미 보노라니 박물관 사진에서 본 옛날 조새가 떠올랐다. 도자기 운반선 안에서 발견되었다는 고려시대 조새 형태가 지금 노인이 들고 있는 것과 유사하여 적잖이 놀라웠다. 비슷한 모양이기에 굴을 채취하는 방법도 예전 그대로이지 않을까. 그동안 여자들의 굴 까는 방식이 전혀 바뀌지 않았다는 것에 생각이 미치자, 마치 천 년 전 여인이 눈앞에서 굴을 줍는 것은 아닌지 착각마저 든다.

긴 세월 동안 조새를 손에 쥔 여인들의 삶은 과연 얼마나 변화했을까. 이제 갯가 딸들은 시대를 되풀이하던 조새를 이모들과 어머니 세대에 놔두고 대도시로 나간다. 바닷가에서 손이 부르트도록 조새를 쥐지도 않으며, 그 존재조차 잊고 살아간다. 조새를 잊은 현대 여자들은 과거 그녀들의 운명에서 벗어난 줄 알지만, 모습이 바뀐 또 다른 조새를 손에 들고 생활전선에 서 있는 건 아닌지. 앞서 살아간 갯가 여인들이 온몸으로 생을 버텨내었듯이 뒤따르는 딸들도 삶과의 투쟁을 멈추지 않을 것이다. 이때, 새로운 조새는 그들에게 굴레가 아닌 든든한 삶의 무기가 되어줄 것이다.

발밑까지 물이 차오르니 노인은 주섬주섬 조새와 바구니를 챙겨 해안가로 올라간다. 사라진 노인의 뒷모습을 눈으로 좇으며 먼 시간 여행이라도 다녀온 듯 몽롱해진다.

제5회 포항스틸에세이 공모전 대상

백수해안도로 모자바위

3부

여름

노을종이 울릴 때

그리움으로 노을을 만난다. 도심 한복판 빼곡한 고층 사이로 붉은 조각이 설핏설핏 보이다가 언덕을 벗어나면 그렁그렁 추억이 고인 핏빛 하늘이 안겨 온다. 그런 날에는 어디선가 하교를 알리던 종소리가 들리는 것만 같다. 댕~댕~댕. 소리를 좇아 눈길이 먼저 서쪽으로 달려간다.

도시의 삶에 두 발이 지친 날, 마음을 앞장세워 노을을 찾아간다. 태양과 나란히 달리면 해당화 꽃잎을 간질거리는 갯바람과 자갈 굴리는 파도가 거북바위에 부서지는 서쪽 끝에 가 닿는다. 사람들은 그곳을 '영광 백수해안도로 노을길'이라 부른다. 우리나라 어디 가나 지는 해는 볼 수 있으련만, 해안선 따라 바다를 옆구리에 끼고 노을 지는 광경을 한시도 놓치지 않는 길이라 얻은 이름일 것이다. 쿵쾅대는 심장 소리가 느껴지던 연인의 품속 같은 곳, 응석 부리는 아이에게 내어주던 아버지의 등처럼 듬직한 길,

언제 찾아가도 김 오른 밥상이 기다리는 옛집처럼 편안한 고향, 그곳에 가면 노을이 마중을 나온다. 비탈진 돌 땅은 논물 가두어 키우는 벼농사는 어림없고 겨우 호미질로 콩이며 들깨나 상추를 키울 정도로 척박하지만, 다가가 보면 너른 바다를 품어서인지 반상 인심은 넉넉한 마을이 해안가로 엎드려 있다. 백수읍 길용리에서 시작한 〈칠산갯길 삼백리 노을길〉 구간은 백암리 석구미에서 끝이 난다.

노을은 시작과 끝이 공존하는 시간에 물든다. 노을길에 들어가려면 법성포구를 지나야 한다. 콘크리트 바닥에 쌓였던 조기 더미가 소금을 덮어쓰고 세 가닥 줄에 엮여 옥상으로 바람맞이 나서면, 조기 엮던 할매들이 집으로 돌아갈 채비를 서두른다. 쪼그렸던 무릎을 세우며 저절로 새어 나오는 신음에 구수산 뒤에서 얼쩡거리던 노을이 냉큼 불려 나온다. 긴 꼬리 붉은 갯골이 물 빠진 개펄에서 꿈틀거리고, 앙상한 종아리를 감쌌던 일바지도 구겨졌던 무늬를 펼쳐 꽃송이를 피워 올린다. 신발에 엉겨붙은 비린내를 씻어내는 수돗물 소리는 노동의 고단함까지 시원스레 쓸어내린다. 수건을 툭툭 털며 철문을 나서는 백발 위로 선홍빛 물감이 번진다. 조기 작업장의 퇴근은 한낮의 쪽잠 들었던 어부에겐 출근을 준비하는 때이다. 포구에선 뱃전에 꽂힌 삼색 깃대가 허공을 휘젓는다. 좁다란 철다리는 어구를 나르는 발걸음 따라 삐걱거린다.

어깨에 만선의 기대가 묵직하게 실려서이리라. 칠흑의 밤을 밝힐 집어등을 줄지어 매달고 꽃게잡이 나서는 어부의 장화가 석양빛에 번들거린다.

아침놀을 볼 때는 상념에 잠기기보다 새로운 하루와 더 나은 내일을 꿈꾸게 된다. 바다를 뚫고 떠오르는 태양과 어둠을 밀어내는 아침놀 아래에서는 비상하는 갈매기 울음소리가 힘차고, 물살을 가르는 뱃고동 소리는 어떤 어려움도 헤쳐 나갈 수 있으리라는 신호처럼 들린다. 덩달아 타향살이에 가진 것 없는 변변찮은 삶이지만 단단하게 살아갈 용기까지 얻는다. 해돋이 태양은 장엄하지만 아침놀은 긴 여운이 남지 않는다. 내게는 서해 하늘을 물들이는 목홍빛이어야 진정한 노을로 여겨진다. 노을은 잠시 머물다 연기처럼 흩어지는 우리네 짧은 삶과 닮았다. 태양이 중천에 떠 있고 세상이 빛으로 충만할 때에는 의식하지 못하다가 해가 저물어 어둑해지고서야 밝음의 소중함을 깨닫게 된다. 죽음 앞에서야 삶이 값지게 느껴지듯이. 나무가 키를 키우는 여름과 나이테를 만드는 겨울 사이에 징검다리처럼 봄가을을 거쳐야 야무지게 자라듯 노을은 낮의 분주함을 잠재우고 밤의 나른함을 깨운다. 그리고 새벽을 잇는다.

연한 노을빛이 짙은 암흑을 밀쳐내며 붉어지는 광경을 보다가 세상 이치를 환하게 깨쳤다는 젊은이가 생각난다. 그는 너나없이 살림살이 팍팍한 시절에 이웃들을 가난에서 벗어나게 하겠다며 뜻 맞는 이들과 함께 숯을 구워 기금을 조성하고 바다를 막아 농토를 늘리어 빈곤한 사람들을 도왔다. 내 어릴 적 고향에서는 집마다 부엌 한쪽에 자그마한 항아리를 두었다. 어머니는 쌀보리를 씻을 때마다 한 줌씩 덜어두라고 이르셨는데, 그가 제안한 절약법 중 하나였다는 걸 어른이 된 후에 알았다. 모인 곡식은 학교로 가져가 어려운 자들을 돕는 데 쓰였다. 나라 안이 온통 먹구름으로 뒤덮였던 시기에 그는 사람들에게 희망을 품게 한 새벽녘 붉은 노을 같은 존재이지 않았을까. 그가 새롭게 사상을 펼쳤던 영산성지가 노을길 초입에 있다.

 길을 걷다 보면 슬며시 기억의 길로 꺾여 든다. 칠산 앞바다 위로 찰랑대는 은빛 줄을 마음으로 당기면 중학교 교무실 창문에서 종소리가 울린다. 그 소리를 기다렸다는 듯이 복도 끝이 소란해지고 교복 입은 학생들이 겹벚꽃 아래로 우르르 몰려나온다. 남학생들 한 무리가 앞서는가 싶으면 등굣길에 매단 교복 흰 카라가 눈부시게 뒤따른다. 교문 앞 매점을 들락거리는 발소리는 피로에 지쳐 둔탁하게 끌린다. 마음길이 열리는 시간이어서인지 하늘마저 발그레 붉어지곤 한다. 버스 정류장에선 선뜻 말을 걸어 보지 못하지만, 남녀 학생들끼리 서로를 힐끗거리며 수줍은 마음도 주고받는다. 그러나 어디선가 갈림길이 기다리기 마련이다. 소년을 태운

버스와 소녀가 탄 버스는 노을을 정면에 두고 방향을 달리한다. 소녀는 버스가 노을길로 접어들면 반대쪽으로 내빼는 버스 꽁무니를 하염없이 바라보곤 하였다. 시간 앞에선 속수무책이다. 아궁이 불길처럼 맹렬히 타오르던 노을도 금세 스스로 태워 검은 재를 뿌린다. 이곳 사람들은 그 금쪽같은 빛을 조금이라도 더 붙잡아두려 노을이 머무는 곳에 정자를 지어 벗을 대하듯 노을을 맞는다.

백수해안도로 노을종

노을길이 어수선하다. 중장비가 오르락내리락 가풀막진 언덕길을 곧게 펴는 중이다. 튀어나온 모퉁이를 썰어내어 움푹 들어간 기슭을 메운다. 느슨하게 굽어 돌던 둘레길에 고무줄 당기듯이 팽팽한 긴장감이 감돈다. 도시 건물 사이로 감질나게 보이던 노을을 마음껏 만나고자 트인 바다로 달려왔으나 노을길이 짧아졌다. 천천히 바라봤어야 할 붉은빛을 스치듯 지나치진 않았는지. 굴곡 없이 편평하게 다듬어져 가는 길에서 "사진사 양반, 절대 내 주름살을 수정하지 마세요. 그걸 얻는 데 평생이 걸렸거든요."라던 나이 든 영화배우의 말이 떠오른다. 보통은 얼굴 주름을 숨기고 탱탱한 젊음을 보여주려 하는데, 그녀는 오히려 나이 자국을 당당해했다. 주름이야말로 진정 빛나는 생의 노을이지 않을까.

끝물인 해당화 꽃잎은 시들해지고 수평선 너머로 드리웠던 붉은 흔적마저 흐릿해진다. 바다로 던져두었던 시선을 거두니 칠산섬이 딸려 온다. 지는 노을이 아쉬웠던 이가 두드렸을까. 대~엥 대~엥 대~엥. 바닷길 종루에서 나직하게 종소리가 울린다. 온몸으로 노을종 소리를 듣는다.

《수필과비평》 2024. 6월호

수신修身의 방

    이층 솟을대문이다. 겹처마에 팔작지붕을 인 누각이 꼿꼿하게 서 있다. 갓 쓰고 도포 입은 선비가 정좌한 듯 위엄이 서렸다. 대문 앞 배롱나무 붉은 꽃은 초록잎 가지 끝에 청사초롱으로 내걸렸고, 마을을 끼고 불갑천에서 불어오는 바람이 고개 숙인 벼 이삭을 흔든다.
    매간당 고택이다. 활짝 열린 대문이 인연 따라 찾아온 사람을 반긴다. 국내 한옥 최대 규모라는 말에 선뜻 들어서지 못하고 주춤거린다. 예법이 지엄한 종갓집이라 혹여 몸가짐이 소홀하지 않을까 옷매무시부터 가다듬고 숨을 고른다. 기단석이 받치는 아름드리 도랑주가 눈길을 끈다. 햇빛 찾아 구부러지고 거센 비바람에 휘어 자란 모습 그대로 옮겨 놓았다. 꾸미지 않은 기둥이 지레 굳어진 마음을 묵언으로 다독인다.
    들어서기 전, 대문 위를 올려다본다. '삼효三孝' 현판이 그윽하게 눈을 맞춘다. 집을 지키는 수호신인 양 면모가 인자하다. 낡고 색 바랜 글자에서 묵묵히 흘렀을 세월이 감지된다. 툭하면 옮기고, 고루하다며 뒤엎고, 신기술로 고치느라 시류에 떠밀리기 쉬운 시대에 전통을 지켜내기가 쉽지 않다. 예스럽고 고졸한 멋을 지녔다. 문간채 계단을 통해 누각으로 올라서니 가문의 내력이 적힌 편액이 삼면을 차지했다. 대문과 정려각을 함께 둔 경우는 드문 일이라 한다. 삼대에 걸친 극진한 효성을 기리고자 나라에서 내린 효자각이다.

사랑채 편액에 오목새김 글씨로 '매간당梅磵堂'이라 새겨졌다. '매화가 피는 산골짝 집'이라는 뜻이니 찾아주거나 알아주는 이 없어도 뒤뜰 매화나무는 꽃을 피워 올리겠다. 산비탈에서 줄기를 곧추세우고 차가운 돌마저 안간힘 쓰며 끌어안았을 터이니 매향은 오죽이나 짙을까. 매화는 사군자 중 유일하게 꽃이 진 후에야 열매를 맺는다. 자신을 가장 돋보일 수 있는 꽃잎을 과감히 떨구어 후손을 맞는다. 지기 위해 피는 꽃이다. 잊기 쉬운 부모의 삶이다.

소박한 초가 한 채로 시작하여 집안을 일으키고 대를 이었다. 백여 칸 넘는 종택이 하루아침에 이뤄진 것은 아닐 터. 근검절약한다고 모두가 부를 쌓을까. 안과 밖의 소통과 노력이 있었기에 가능했으리라. 남자들은 사랑채에서 시문詩文을 읽으며 입신을 도

모하고, 여인들은 안채에서 길쌈하며 시간을 쪼갰다. 사당에선 조상을 기리는 향을 사르고, 글 배우고 난초 치던 서당 마루에는 묵향이 은은하게 배었으리. 크고 작은 일을 도맡던 아랫사람들은 고택 밖 호지집에 기거하며 한밤중이라도 주인댁의 부름을 받으면 한달음에 달려왔다.

  햇살이 기우는 대로 그림자가 스멀스멀 기어오른다. 방 안을 넘겨다보는 이방인 뒤에서 서까래 그림자는 쌍창으로 엿보고 막새 그늘은 영창을 두드린다. 대청에 들어 걸개문을 열어젖히니 마당에서 서성거리던 나무 그림자가 먼저 발을 들인다. 사랑채 툇마루 끝, 변소와 나란한 쪽문이 비스듬히 열려 있다. 신발을 신지 않고도 갈 수 있는 곳이다. 발끝을 세우고 조심스레 문을 밀치자 어둠 속에 펼쳐지는 풍경이 생경하다. 팔각형 무쇠솥 목욕탕이다. 지금이야 집마다 샤워장이나 욕조 있는 것을 당연하게 여기지만 예전에는 그렇게 살지 못했다. 어릴 적 시골에서는 빨간 고무통에 더운물을 받아 일 년에 몇 번 행사처럼 하던 목욕이었다. 하물며 고택에 목욕 시설이 자리한 것은 드물다. 팔을 내밀어 짚어 보니 목간통은 장정이 거뜬히 몸을 담글 수 있을 정도로 넓고 깊다. 무쇠도 녹이는 세월이 지났는지 솥 바닥이 휑하니 뚫렸다.

  어스름이 내려앉고 달빛이 창호에 수묵화를 그리는 밤, 생각이 엉키고 삶의 고뇌가 짓누를 때면 사랑채 선비는 안채에 물을 데우라 명을 내린다. 일꾼은 솥 아래에서 장작을 지펴 물을 덥힌다. 찬물을 더 받아 넣어 물 온도를 맞추고 무쇠 바닥이 뜨거울 테니 딛고 앉을 수 있는 나무 발판을 솥 안으로 깔아두는 것도 잊지 않는다. 두어 평 남짓한 목욕탕은 목간통에서 올라오는 열기와 은은하게 비쳐 드는 창호빛으로 따스하며 아늑하다.

가리개가 없어야 제대로 씻을 수 있다. 법도가 엄격한 선비라도 목간통으로 들어서려면 걸친 옷을 벗을 수밖에 없다. 풀기 빳빳한 두루마기와 마고자를 벗고 단단히 조여 맨 대님을 풀고 허리 숙여 버선도 내던진다. 저고리와 바지까지 내려놓으면 남는 것은 맨몸뿐. 허울을 걷어내니 빈약한 근육도 보이고 감춰둔 상처와 숨겨온 연약함이 드러난다. 의복을 벗는다는 것은 남의 시선은 사라지고 오롯이 이름 석 자만 남는 일. 누구의 아버지이자 명망 있는 아무개 아래에서 수학受學하였고, 무슨 벼슬을 했다며 옷이 몸을 가려 왔다. 꾸며주는 관복이 여러 겹이거나 화려할수록 의기양양했다. 하지만 사랑채 선비는 벗어던진 옷 무더기처럼 무엇을 버릴 것인가를 고민하였으리라. 허깨비 같은 타인들의 인정이 아닌 스스로에게 입혀주고 싶은 옷을 사유하진 않았을까.

뜨거운 솥 물에 발목부터 담근다. 온몸의 세포가 문을 열어 물을 기꺼워한다. 발끝부터 서서히 달궈지고 이마에 송골송골 땀이 맺힌다. 머리는 한결 맑아지고 정신은 또렷해진다. 몸은 어디서 왔는가. 물속 깊숙이 몸을 담그고 눈을 감으면 기억 너머에 자리 잡은 태초의 공간을 꿈결인 듯 만난다. 내 몸과 딱 맞는 주머니 안. 편안하고 포근하다. 생이 물에서 왔음을 일깨운다. 몸을 씻는다는 것은 자신의 존재를 만나는 행위이며 살아 있음을 느끼는 순간이다. 생명을 주고 몸집을 키워준 이들에 대한 고마움이 사무친다. 무쇠솥 목간통은 수양하는 선비에게 자신을 찾아가는 '수신修身의 방'이라 명명하고 싶다.

나라의 운명은 풍전등화였다. 국모가 낭인들에게 시해되었다는 천인공노할 소식도 전해지던 시기다. 당장 한양으로 달려가고픈 분노를 목간통에서 삭여내었다. 하루에 세 가지 자기반성을 했다는 옛 성현의 말씀대로, 다른 사람을 위해 진심을 다했는지, 가까운 이에게는 신뢰를 주었는지, 배운 대로 익히고 생활에 실천했는지를 되짚는 시간도 그곳에서 가졌다. 하여, 수신의 방은 어진 삶에 다가서려는 이에게 지나온 행동을 반추해 보는 거울 같은 공간일 것이다.

아파트 목욕실이 떠오른다. 사방이 벽이다. 바람 한 점 햇살 한 자락 들어올 구멍이 없다. 환풍기라도 돌아가지 않는다면 질식할 것만 같다. 창 하나 없는 공간에 홀로인 시간이 두려웠던가. 평소에 스마트폰을 꼭 쥐고 들어간다. 음악에 맞춰 노래를 흥얼대기도 하고, 영상을 보며 시간을 보낸다. 뉴스를 검색하며 세상 골목을 누비거나 화면 너머 누군가와 대화하기 바쁘다. 욕실에서 나왔을 땐 씻어내지도 가라앉히지도 못한 생각들이 머릿속을 헤집고 다닌다. 생각의 불순물을 수시로 닦아내지 못한 나의 어리석음을 알아챈다. 세상을 바라보고 경계를 허물어 자유로이 건너다닌 사색의 힘이 가家를 자자손손 실천하게 했으리라.

    댓돌을 내려서며 삼효문을 마주한다. 노모의 허리처럼 굽은 기둥이 누각을 기와선線 반듯하게 지탱한다. 가문의 영광을 자랑스레 이고 있다. 문턱을 넘는 발걸음에 힘이 실린다. 연못에선 연자방마다 알알이 연자육이 익어 간다.

《푸른솔문학》 2024, 가을호

군남면 동간리 매간당 고택

불갑천

 불갑천이 물 따라 길 따라 휘었다. 전깃줄을 머리에 인 전봇대가 호위무사인 양 동행한다. 줄 지은 대열엔 갓 입대한 이병의 패기도 날렵한 전투병의 결기도 보이지 않는다. 그마저도 물속으로 고꾸라질 것처럼 전신주가 비스듬히 기울었다. 전선은 느슨하게 늘어지고, 비바람에 살점이 파인 몸뚱이가 위태하다. 강물은 내달리던 물숨을 다잡고 강둑은 전봇대를 끌어안아 떠받친다.

 가을걷이가 끝난 후의 불갑천은 물발이 순해진다. 신발 배를 띄우거나 바짓가랑이를 돌돌 말아 걷고 들어가 떠내려 온 물건을 건져 올 수 있었다. 사람들은 물고기를 잡기 위해 그물을 던지고 청둥오리 떼는 날개를 움츠려 물갈퀴질을 해댔다. 못자리 써레질이 시작될 즈음부터 서서히 물이 차올랐고, 모내기 전후로 높아진 수위는 장마를 지나며 감히 물 안을 넘보지 못하도록 거센 물살이 가로막았다. 순식간에 모든 것을 집어삼킬 듯이 넘실댔다. 남자아

이들이 어른들 몰래 어깨를 부풀려 뛰어들었고, 물가로 내려서던 콘크리트 계단은 아낙들의 유용한 빨래터로 변했다.

　농사철마다 불어나는 강물은 어린 호기심의 원천이었다. 영산강은 담양 용소에서 솟아나 나주평야를 지나고, 낙동강은 태백 황지연못이 발원지다. 불갑천 물줄기는 어디서 오는 걸까. 상류에 커다란 저수지가 있다는데, 밀재 너머 도회지 광주에서 보내오는 것일까. 어머니가 고사리 팔러 나가는 영광읍내 시장을 휘돌아올까. 빨래방망이로 두드려 떠나보낸 비눗물은 또 어디로 가닿는가. 비눗방울은 과연 바다를 만나기나 할까. 상상의 나래를 펼쳐 사회과부도 책을 샅샅이 뒤져도 작은 군내 천川의 시작과 끝은 그려져 있지 않았다. 푸릇푸릇한 벼 사이를 개구리가 가로지르고 클로버 꽃반지를 끼던 계절에는 가끔 둑길을 더듬어 나서는 용기도 내보았으나, 겨우 옆 동네 교회 종탑만 쳐다보고 발걸음을 되돌렸다.

　머릿밑이 희끗해져서야 호기심 해결에 나섰다. 강은 불갑산에서 출발했다. 모래톱마다 갈대가 군락을 이뤘고, 개개비는 짝을 부른다. 쏘가리, 동자개, 붕어는 부들과 창포 아래로 숨어들고, 꼿꼿한 백로가 수심 낮은 물밑을 뒤진다. 둑방 둘레를 괭이밥꽃, 길골풀, 자리공, 큰까치수염이 뒤덮었고, 보랏빛 엉겅퀴가 제 세상인 양 키를 키운다. 빈틈없이 파고든 생명들 사이로 낚싯대를 담근 낚시꾼이 졸고 있다.

물길은 불갑사를 거치며 화두 한 소절 붙들었을까. 경전의 말씀같이 무소의 뿔처럼 혼자서 간다. 묶이지 않는 사슴처럼 자유로우나 오롯이 들판으로만 달린다. 사람과 가까우면 근심 걱정이 생길까 두려운가. 마을에서 멀찌감치 물러섰다. 산그림자 펼쳐지는 지석강 영벽정 풍경이나 절벽 아래 일렁이는 물결이 일품인 오십천 죽서루의 풍치는 언감생심이다. 땡볕을 비킬 우람한 나무 그늘이나 소낙비 피할 변변한 정자 하나 강기슭에 없다. 꾸밈이 없으니 본 모습은 더 잘 드러날 터이다.

소나무 병풍을 두른 풍운교에 이른다. 옛 다리는 낡고 헐거워 건너다니는 이가 드물고, 새로 낸 다리는 튼튼하나 눈에 띄지 않는다. 누구 하나 눈길 주지 않는 강이 안타까워 사람의 발길이 끊이지 않는다는 유명 다리들을 머릿속으로나마 불갑천 위로 드리워 본다. 세금천을 가로지른 농다리를 본떠 쌓은 돌다리라면 여행객들이 앞다퉈 찾아올까. 내성천 외나무다리처럼 통나무를 이어 붙이면 연인들이 손잡고 건너려나. 솔가지를 엮어 황토로 채운 주천강 섶다리 상판이라면 운치 담는 사진사들이 우르르 몰려올까. 비교의 그물에 걸리니 번민의 들불이 일어난다.

물꼬 트기 쉬운 논은 가난한 농가에겐 농사 지을 기회가 주어지지 않는 땅이었다. 도랑에서 한 길이나 높은 곳에 위치한 몇 마지기 논이라도 다행으로 여기던 시절이다. 하늘받이 천수답은 마른 흙에 씨앗을 넣은 보리농사는 수월하였으나, 물을 끊임없이 대줘야 하는 벼농사는 밤낮을 가릴 수가 없었다. 불갑천에 물이 불어나면 아버지는 무자위를 설치하여 물레바퀴 날개를 밟았다. 물레가 돌 때마다 개울물은 끌려왔고, 쩍쩍 갈라져 가던 논바닥은 어린아이가 젖병 빨 듯 지칠 줄 모르고 빨아들였다. 아버지의 등허리가 땀범벅이 되면 어머니가 교대하여 올라섰다. 온전히 사람의 힘으로만 돌아가는 물레는 피땀 먹는 괴물 같았다. 웅덩이 물이 줄어 여의치 않으면 두 분이 봇도랑 양쪽에 서서 네 가닥 줄을 맨 두레박으로 퍼 올렸다. 옆 논에선 시원스레 물을 뿜는 발동기 소리가 어둠을 가르는 데도 두레질이 계속될 때는, 물구덩이에 불빛을 비추던 내 손도 점점 아래로 내려갔다. 눈앞 분간도 제대로 안 되는 밤중에서야 대문으로 들어서는 부모님은 축 늘어진 몸으로 먼지 한 올 일으키지 못하고 쓰러졌다. 힘겹게 토해 내는 한숨이 애처로우면서도 손쉬운 발동기를 돌리지 못하는 가난의 설움이 가슴 깊숙이 박혔다.

　　길을 나서기 전 살폈던 구글 지도가 떠오른다. 나뭇가지가 뻗듯 물가지가 퍼져 나갔다. 가느다란 수로 끝에 열매처럼 마을이 매달렸다. 불갑천은 한 발자국도 영광을 벗어나지 않는다. 지내들, 학산들, 죽사들, 양성들, 지산들, 염산들을 거느리며 서쪽으로

불갑천

내려가 칠산바다로 스며든다. 마치 평생 고향을 벗어나지 못한 채 여섯 남매를 주렁주렁 매단 부모님의 생애를 닮았다. 저수지 물이 줄어들면 기다리는 들판의 아우성에 밤잠을 설치듯 넉넉하게 주지 못하는 심장은 오죽 타들어 갔을까. 당신들의 팔다리는 얇아져 가도 자식들 핏줄 늘리는 일에는 기꺼이 온몸을 내주었다. 고단하게 이어준 물줄기는 자식들이 세상에 뿌리내리게 한 힘이었다.

　중장비 소리가 강둑을 채운다. 흐름을 막던 모래톱을 긁어내는 공사가 한창이다. 갈대 뿌리는 뒤집혔고, 둥지 잃은 개개비기 분주하게 오간다. 잠산의 저버림이리라. 깊고 넓어진 만큼 새 생명을 품을 수 있을 것이다. 우직하게 곡식 키우는 일에만 전념해 온 강이다. 그만의 가치를 인정하지 않았고, 부족하게 느껴 만족하지 못했다. 성에 안 찬다며 여러 고을의 다리를 가져와 제멋대로 오려 붙였다. 그러거나 말거나 무심히 흐르는 강물에 가슴이 뜨겁다. 옥죄어 오던 마음 그물이 촤르르 찢어진다.

'차 한잔' 하라

#미味

처음 불갑사로 가던 길은 지우개가 지나간 선처럼 끊겨 있다. 숨어 있는 조각들을 이어 붙인다. 버스가 덜컹거릴 때마다 속이 니글거려 암담했으며, 목구멍으로 넘어오려는 액체를 밀어넣느라 손바닥에 배어나던 식은땀의 미끈거림이 아직도 스친다. 버스는 중간 정류소인 불갑면소재지에서 사람들을 몽땅 게워 낸 후에도 하염없이 달려갔다. 초등학교 담임선생님과 함께 나선 길이었다. 밤잠은 설쳤으나 어두컴컴한 텃밭에선 딸기꽃이 별처럼 반짝였다. 대추만 한 딸기가 초록 이파리 사이로 수놓듯 박혀 있던 풍경만은 지금도 선명하다. 산골 마을 초입에 마지막 손님을 부려 놓은 버스가 잽싸게 꽁무니를 돌렸을 땐 금방이라도 비를 뿌릴 듯 하늘이 내려앉았고, 희뿌연 안개가 막아선 산길은 끝이 가늠되지 않았다. 어스름하고 적막한 곳에 과연 사람이나 살고 있을지 의문마저 들었다. 오로지 앞장서 걷는 선생님을 등대처럼 의지했다.

처마에서 떨어지는 물줄기가 자갈에 튕기며 물송이를 피웠다가 부서졌다. 스님과 선생님 사이에 오가는 대화가 빗소리에 묻혀 아득했고, 그들 곁에 앉아 눈만 끔뻑이며 온통 돌아갈 걱정으로 머릿속을 채웠다. 스님께서 '차 한잔 하라'며 내미는 잔을 얼떨결에 받아들었다. 손안으로 안겨 온 작은 잔에는 노란빛을 띤 낙엽색 물이 담겨 있었다. 목이 마르던 참이라 차갑지도 뜨겁지도 않은 물을 단숨에 마셨으나 갈증을 해소하기에 턱없이 모자랐다. 식혜의 달짝지근함도, 배앓이할 때 삼켰던 매실액의 시큼함도, 두드러기 났을 때 마셨던 한약의 쓴맛도 아니었다. 난생처음 먹는 떨떠름한 맛이었다. 껍질 벗긴 찔레순을 씹었을 때의 떫은맛이 혀끝에 남았지만, 멀미로 요동치던 기운을 배꼽 아래로 가라앉혀 주었다.

시간이 흐른 후에 알았다. 사람에 따라 차에서 여러 가지 맛을 느낀다는 것을. 어느 스님께서는 차

불갑사 전경

맛을 삶에 비유하였다. '단맛은 행복이요, 쓴맛은 고난이며, 떫은 맛은 아니꼽고 뒤틀린 일들이고, 고소한 맛은 오래오래 잊히지 않는 추억 같은 것이며, 신맛은 상큼하고 새로운 일이다'라고. 차 맛을 알아가는 것은 곧 인생의 맛을 알아가는 것이라는데, 반세기가 지났지만 나는 아직도 차의 심오한 맛을 제대로 알아채지 못한다. 물이나 끓이고 차가 우러나기를 기다릴 뿐이다.

색色

불혹을 넘기기 전, 삶이 외줄에서 떨어져 곤두박질쳤다. 눈치 보지 않고 눈물을 흘릴 수 있는 곳이 고향 아니던가. 아무리 길을 물어도 대답 없는 아버지 집 앞에 온몸을 엎드렸고, 무거운 심정이나 내려놓을까 싶어 절집으로 향했다. 짙은 어둠 속을 헤매는 나의 처지와 다르게 골짝마다 꽃무릇은 무리 지어 농염했고, 붉은 마음을 전하려는 남녀들이 꽃 사이를 메웠다. 어깨를 늘어뜨리고 빌뒤축을 끌며 어슬렁거리는데, 노스님이 신도를 맞이하는 일광당 방문 안에서 '차 한잔 하라'며 불러 세웠다. 세상 밖으로 내쳐졌다고 여기던 때라 누군가의 손짓 하나에도 가슴이 울컥 뜨거워졌다.

　　방 안은 아늑했다. 스님은 찻상을 마주하고 묵묵히 차를 달였다. 무릎 꿇고 앉아 다기 다루는 손길만 눈으로 좇았다. 끓여진 물을 다관에 붓고 한참 동안 데워지길 기다린 뒤 그 물을 다른 그릇에 비웠다. 차통에 손가락을 오므려 넣어 바슬바슬한 찻잎을 꺼냈다. 검은빛이 돌며 엉키고 뒤틀린 마른 찻잎 덩이가 마치 배배 꼬인 내 심사를 대하는 것 같아 얼굴이 달아올랐다. 끓은 물을 유발에 부어 한 김이 나가게 한 후에 찻잎이 들어 있는 다관에 부었다. 다관으로부터 밀려 나오는 차향이 콧속으로 들어와 몸 안으로 번져 나갔다.

 눈을 감으니 다관 속의 찻잎이 따뜻한 물을 받아들이며 천천히 말린 잎을 풀어헤치는 광경이 그려졌다. 봄기운을 맞아 틔운 연둣빛 싹이다. 허리가 휘어질 듯한 고통을 견디며 찻잎 하나하나 땄을 손톱은 검게 물들었을 테고, 가마솥의 뜨거운 열기 속에서 찻잎을 덖고 비비는 이가 견뎠을 참을성이 붉게 우러난다. 문득, 스스로를 옭아매어 불행하다 여기진 않았는지. 망치로 머리를 맞은 듯 정신이 번쩍 들었다. 가슴속 어딘가에 꼬이고 응어리진 감정이 녹아 퍼지는 듯했다.

 말 없는 가르침이었다. 찬 서리 견딘 차나무에서 싹이 나오고 그 잎은 열을 만나 숨을 죽인다. 바람으로 풍장을 치른 후에야 정신을 살리는 찻잎으로 되살아나듯이 진정한 나로서 존재하려면 변화하라고 이르는 것 같았다. 제자리로 돌아온 후, 나는 당당하게 지하도 길바닥으로 내려앉았다.

향香

밤새 폭설이 내렸고 저수지는 얼어붙었다. 설국으로 변한 산사를 누가 찾겠는가 싶었는데 아이젠으로 무장한 등산객들이 바짓가랑이로 눈을 쓸며 앞서간다. 그들이 밟고 간 발자국을 길잡이 삼아 불갑사로 들어서니 문틈에서 새어 나오는 불빛이 인기척을 전한다. 산봉우리를 넘어오기 시작한 햇살이 당도하기 전이라 경내는 고요하고 한적하다.

몸을 잔뜩 웅크린 채 전각들을 드나드는 일행을 불러 세운 이는 낯 모르는 여인이다. "추운데 차 한잔 하세요."라며 종무소로 이끈다. 갑자기 밀려든 훈기로 안경이 희뿌옇다. 격식 차린 자기 찻주전자는 아니다. 플라스틱 용기가 고장 났는지 그녀는 연신 손바닥으로 뚜껑을 치면서 덮었다가 열어 보기를 반복한다. 그릇은 애를 먹여도 찻잎은 어김없이 제 향을 풍기며 우려진다. 다도인들은 갓난아기 멱 감길 때 나는 배냇향을 최고의 차향으로 친다지만, 칼바람을 피하며 이름 모를 이가 따라주는 차는 팽주의 따사로운 심성까지 스며서인지 차향이 더없이 그윽하다.

마주한 찻상을 인연 삼아 차를 나눠 마신다. 남편은 퇴직했고, 봉사하러 왔다가 절집 살림을 책임지게 되었다며 수더분하게 이야기보따리도 풀어놓는다. 목젖을 드러낸 웃음이 긴장의 경계를 허문다. 맥박이 뛰는 속도에 아홉을 헤아리며 애벌차를 우려내는 정성까진 아니더라도, 얼었던 손과 발을 녹이기에 따스한 찻물 한 잔이면 충분하지 않을까. 사람과 사람 사이로 오가는 온기 덕분에 인간은 매서운 겨울 한 철을 거뜬히 견뎌내는지도 모르겠다.

눈가에 주름을 늘리는 동안 같은 곳에서 세 번의 차 대접을 받는다. 배린내 나는 차의 첫맛을 접했고, 젊은 날의 미숙한 영혼을 찻잎으로 위로받았다. 풋풋한 살냄새마저 변해 가는 나이에 또다시 한 잔의 차로 훈훈하게 몸을 데웠다. 차를 대접한다는 것은 무엇일까. 물을 끓이고, 다관을 데우고, 좋은 차를 골라 우려내어 찻잔에 찻물을 나누어 붓는 행위는, 기꺼이 자신의 시간을 나누겠다는 향기 품은 마음이 아닐는지. 차를 내놓은 이의 진심을 얹어 찻물을 입안에 머금어 본다. '고요히 앉아 차를 반이나 마셨는데 향기는 처음 같고 그 향기 안에 오묘한 맛이 우러나오매 물이 흐르고 꽃이 피는 경지에 이르게 한다.'는 옛 선인이 지은 다시茶詩를 가만히 읊조린다.

《좋은수필》 2024, 8월호

명부전

빛을 빚다

유월의 축시, 어둠이 그득하다. 끝없이 펼쳐진 칠흑 세상, 빛이 없으니 색도 없다. 보는 눈은 잠들고 듣는 귀가 촉을 세운다. 숲과 나무는 한통속으로 뭉개졌고, 불 꺼진 집은 고요 속에 잠겼다. 개별은 사라지고 경계가 흐릿하다. 한 치 앞도 보이지 않을 땐 어느 순간에 길다운 길에서 벗어날 수 있겠다는 두려움이 인다. 생이 곁길로 들어섰다면 서둘러 발걸음을 내딛기보다는 제자리를 지켜 사방을 관망해 볼 일이다.

모시밭 두둑이 소란하다. 머리 등을 앞세운 봉고차와 트럭이 거침없이 달려와 멈춘다. 수색 작전 나온 군인들처럼 헤드 랜턴을 두른 사람들이 차 안에서 몰려나오자, 인근 마을에서 짖어대는 개소리가 날카롭다. 풀잎을 다독이던 바람은 바짝 숨죽이고, 짝을 부르던 풀벌레 울음도 잦아든다. 웅성거리는 말소리와 부스럭대는 동작에 깊게 드리운 어둠이 틈을 벌인다. 팽팽한 긴장감에 불안이 엄습한다.

　모싯잎 따러 온 인부들이다. 옆 사람 분간도 어려운데 스위치 켠 기계처럼 손부터 움직인다. 손가락을 모아 줄기 밑에서부터 위로 훑으면 후드둑 잎들이 떨어진다. 이파리 아래 잠들었던 청개구리, 방아깨비, 여치가 소스라치게 튀어 오른다. 있는 힘껏 질러대는 고함이 귀에 익은 억양이 아니다. 사람들이 잠자리에 드는 한밤중에 일을 나선 그들은 어디서 왔는가. 푸른 꿈을 위해 찾아왔을까. 삶의 벼랑 끝에 내몰렸을까. 이유는 각기 다르겠으나 돈을 벌 수 있다는 일념으로 타국 땅을 밟았으리라.

　어둠 속 한가운데에 선 이들이다. 그러나 절망만 계속되는 지옥의 터널은 아닐 터. 어둠이 두려운 이유는 보이지 않고 알 수 없기 때문이지 않을까. 함께 가는 동행이 있다면 서로의 온기가 등불이 되어줄 터이다. 두런두런 얘기가 끊이지 않는다. 손은 쉴 새 없어도 웃는 낯빛을 귀로 듣는다. 가끔 마주 보며 하얀 이를 드러낸다. 등 도닥여주는 위무의 몸짓이다. 키득대는 소리에 어둠은 품고 있던 빛 한 움큼을 기꺼이 내어놓는다. 고랑 없던 모시밭으로 훤한 골이 뚫린다. 한 발 한 발 밀려가는 어둠의 눈빛에 패배의 기색이 서리지 않았다.

　조각조각 흩어진 빛들이 혜성처럼 드러났다가 사라지고 다시금 올라온다. 마치 반딧불이가 배필 찾는 신호처럼 깜빡인다.

3부 여름

예전 시골에선 개똥벌레를 심심찮게 볼 수 있었다. 수컷이 밤하늘에 날아다니며 온몸을 밝히면 풀숲에 숨어 있던 동족의 암컷 역시 빛으로 화답했다. 소리 없는 구애의 빛은 생명을 잉태했다. 하지만 모시밭에 내려선 인공의 찬 빛은 삶을 거둔다. 빛의 출렁임이 너울처럼 번져 나간다. 작업자들은 모시풀이 애지중지 키워냈을 여린 잎을 따낸 후 곧바로 예리한 예초기 칼날로 앙상한 줄기마저 넘어뜨린다. 생의 터전이었던 모시밭은 일순간에 생명이 사라진 폐허로 변한다. 시시포스의 천형을 나눠 짊어졌는가. 다른 나무들이 몸피를 늘리는 여름 계절 동안 모시풀은 이파리가 여물지도 않았는데 뜯기고, 나이테를 그리기도 전에 잘리기를 반복한다. 공들여 밀어 올린 잎 탑은 무너지고 상처를 삭이며 밑바닥부터 싹을 틔워야 하는 가혹한 운명. 그 아픔을 맞닥뜨리지 않으려 인간들은 모싯잎 따는 작업을 암흑의 시간에 해내는지도 모르겠다.

햇귀가 눈꺼풀을 들추는 아침이면 떡집부터 빛이 들어온다. 뙤약볕이 기승을 부리는 한여름이지만 영광 고을에선 모시송편을 빚으며 가을을 당긴다. 앞치마를 두른 그녀가 여느 날처럼 전날 밤에 불려둔 쌀부터 빻는다. 찜기에 돈부콩을 앉히고 검은깨를 볶느라 쉼 없이 기계를 돌린다. 빛을 품은 것들은 몸이 뜨겁다. 황망하게 줄기를 떠나와서인지, 습성대로 피돌이를 해서인지, 모싯잎이 담긴 자루 안이 후끈거린다. 무작정 내뿜는 열기로 비슷한 처지끼리 거무죽죽한 멍 자국을 낸다. 빳빳한 야생의 성질이 물러져야 한 덩이로 어우러질 것이다.

존재하는 것들은 저마다의 빛을 지녔다. 대장장이가 무쇠덩이를 담금질하듯 갓 따온 모싯잎을 끓는 물에 데치고 찬물에 담그고 물기를 짜내 잘게 부순 뒤 바로 급랭시키면, 초록빛은 도드라지고 모시향은 짙어진다. 백년초 꽃을 갈아 연분홍빛, 늙은 호박을 삶아 노란빛, 땡글땡글한 팥알에선 붉은빛을 얻어낸다. 치자, 석이버섯, 쑥 가루를 켜켜이 쌓아 설기로 쪄내고 꿀 찍어 한 입 베어 물고 싶도록 뽀얀 우윳빛 가래떡도 뽑아낸다. 서로 다른 색을 버무려 찌고, 치대고, 지지고, 삶아 무지갯빛으로 이끈다.

손맛이 야무진 경신은 읍내 한복판에서 떡집을 운영한다. 떡 만드는 기술을 배울 때는 희망에 부풀었다. 잰걸음으로 맛을 연구했고, 장안 제일의 장인이 되고자 밤잠도 설쳤다. 그러나 일이 힘에 부쳐서일까. 집안에 먹구름이 끼었고, 별빛이 쏟아지는 영광으로 거처를 옮겼다. 고향은 기댈 언덕이라지만, 떡집이 자리 잡기까지 줄기 잃은 모싯잎처럼 눈물짓는 밤도 여러 날 보냈다. 모시 풀빛에 시제를 붙인다면 과거나 현재보다 미래에 가깝다. 살아 꿈틀거리며 전진하려는 힘이 배어 있어서이다. 초록빛은 도로에선 나아가라는 신호이고, 건물에선 갑작스러운 사고에 대피하는 길잡이며, 논밭을 채울 때는 풍요를 기약한다. 그녀는 모시송편에 기대어 일어서리라는 바람을 키웠다.

연초록 이파리 하나 매달지도, 노란 꽃 한 송이 피워 보지도 못한 채 흰서리를 맞아도 받아들인다. 순응하는 이의 품은 깊고 넓다. 가족은 어떤 어려움 속에서도 발 내디딜 용기를 북돋아주는 등불 같은 존재들이다. 송편 빚는 작업이 고스란히 그녀의 몫이 되었지만, 세파로부터 식솔들을 지킬 수만 있다면 뭐든지 기꺼이 해낼 수 있다고 여긴다. 사노라면 어둠과 빛이 오가기 마련이다. 삶이 깜깜한 동굴 속을 걷는다고 가슴 웅크릴 필요 없고, 시원하게 뚫린 도로를 달린다며 어깨를 거들먹거릴 일도 아니다. 밤이슬을 맞으며 땀 흘리는 일터에서도 웃음소리가 새어 나오고, 고통을 진득하게 넘어선 모시송편 맛은 찰지고 달짝지근하니까. 모시 반죽이 흑백의 고물을 단단하게 껴안는다. 초록빛이 안으로 스며들고 가로질러 퍼져 나간다. 깔깔한 아픔을 털어낸 초록 꽃잎이 그녀의 손끝에서 나풀거린다.

　갓밝이를 지나고 볕이 대지에 스며들면 모시풀은 햇살 모으기에 전념한다. 이슬에 맺힌 돋을볕을 마시고, 풀잎 틈새로 비춰드는 볕뉘도 허투루 흘리지 않는다. 햇살은 생명의 자양분이다. 좁은 흙 구멍의 이사빛 한 줌도 놓치지 않으려 발돋움하고, 뿌리 끝에 모아둔 기운으로 새순을 내보낸다. 기세 좋게 햇발이라도 뻗치면 땅 깊숙이 뿌리를 박는다. 빛의 알갱이를 모아 하늘로 뻗어 오르리라는 꿈을 또다시 꾼다.

해주

　한여름 뙤약볕은 염전판을 속독으로 넘긴다. 스스로를 태워 물기를 끌어낸다. 볕쏘시개 고무래도 구석구석 뒤적여 돕는다. 고무래가 지나가면 물살은 힘없이 엎어지고, 타일판은 금세 바닥을 드러낸다. 생의 고무래에 떠밀려 본 자는 안다. 물길이 흩어지면 낮아지는 수위에 맞춰 다시 메우며 삶을 꾸려야 한다는 것을. 깊이가 얕다고 무게조차 가벼울까. 외발 수레 휘청거리는 염산면 두우리 소금밭이다.

　툭, 투둑, 툭⋯. 느닷없이 허공에서 툭. 반드레한 물백지 위로 투둑. 척후병의 발걸음처럼 잽싸게 툭. 소금꽃 기다리던 염부의 가슴으론 쿵하고 빗방울이 떨어진다. 잠포록하던 하늘에 거먹구름이 몰려온다. 고요하던 공기가 다급하게 흔들린다. 소낙비 공습이다. 예보가 빗나갔을까. 갑자기 출몰한 게릴라성 매지구름인가. 살다 보면 예기치 못한 문제들이 생기기 마련이다. 바뀐 날씨를 원망만 할 수 없다. 빗방울이 섞이면 며칠간의 고행이 헛수고로 돌아갈 터. 빗줄기가 포탄처럼 쏟아지기 전에 서둘러 피해야 한다. 재빨리 염전판 물꼬부터 튼다. 앞서거니 뒤서거니 도랑이 소란하다. 위기의 순간에는 머리를 맞대고 뭉치는 편이 낫다. 갈라지고 허둥대던 물길이 한 줄로 합쳐진다. 염부가 인도하는 대로 일사불란하게 내달린다.

웅덩이 집이다. 당장 쓸모없는 말먹이용 띠풀도 모아 엮어두면 비상시에 요긴하게 쓰인다고 했다. 지혜로운 염부는 난難을 피할 대피소를 마련해 두었다. 피난소는 드러나지 않아야 하고, 후미져 들어갈수록 안전하다. 그곳, 해주 창고로 소금물이 내려선다. 얼핏 보면 집인 줄 모르겠다. 양철 지붕이 바짝 엎드렸다. 한 방울의 빗물도 허락하지 않겠다는 굳은 의지가 퍼렇게 서렸다. 기둥 없는 대들보는 땅에 달라붙어 지붕을 엄호한다. 빗물과 대적할 마지노선이다. 짠물이 제대로 숨어든 건 맞는지, 난리를 무사히 비껴갈 수는 있을는지. 불안한 심사처럼 작은 보들이 얼키설키 가로지른다.

흘러가는 물줄기를 타고 기억 속 구급차 사이렌 소리도 따라온다. 그가 통증을 호소한 곳은 결혼식장이었다. 그는 몸싸움에서 밀리지 않을 만큼 몸집이 크고, 축구 동호회 회원으로 오랜 시간 뛰었다. 약간 그을린 듯한 낯빛은 건강미를 말해 주었다. 모임

자리에서는 진지한 표정으로 결정적 한방을 던져 좌중의 웃음보따리를 열어젖히던 이였다. 예식이 진행되는 동안에도 하객들이 눈을 떼지 못하도록 환하게 웃으며 즐기는 듯했다. 덩달아 식장에 활기가 넘쳤다. 하지만 식이 끝나 갈 무렵, 신랑의 얼굴빛이 일그러졌다. 놀란 눈들 사이로 그가 비틀거렸고, 신부를 의지해 떼는 걸음은 절뚝거렸다. 이내 병원 응급실로 실려 나갔다.

사나운 비보라가 몰아친다. 작살비가 화살처럼 내리꽂힌다. 금방이라도 해주 지붕을 뚫을 기세다. 재난이 닥치면 살아남을 곳부터 살피는 것이 본능이다. 지척에 피난처가 있기를 바라지만 은폐할 나무둥치조차 찾기 어렵다. 퍼붓는 폭격을 피해 지하로 들어가고 차오르는 흙탕물을 벗어나 언덕으로 올라야 하는데, 날이 갈수록 대피소 안전도 보장할 수가 없다. 먼 나라 폭격에선 피신한 학교도 파괴되고 은둔한 동굴도 무너졌다는 소식이다. 공중으로 뿌려진 독가스는 방공호의 존재를 무화시킨다. 아픈 이들은 현대식 의료 기술로 무장한 병원으로 뛰어간다. 입원실에선 생의 의지가 감돌고 의료진은 최선의 의술을 펼친다. 그러나 느닷없이 몰아친 폭풍우가 거셌는가. 그는 종양 제거 수술을 받았고 방사선 치료와 화학요법이 계속되었지만, 건강했던 만큼 전이도 빨랐다. 최첨단 기계도 새롭게 개발된 약물도 결국엔 그를 지켜내지 못했다.

그가 머무는 바다는 태초의 생명을 움 틔워 육지로 보냈다.

물고기 떼를 번성시키고 나풀거리는 해조류 잎을 늘린다. 고비마다 뭇 생명들이 찾아드는 피난처다. 눈에 보이지 않는 미물부터 만물의 영장까지 뿌리 두지 않은 목숨이 있을까. 시도 때도 없이 일어나는 바람을 다독여 생명을 지켜 왔다. 숨탄것들뿐이랴. 무릎 꿇고 두 손 받치는 수각의 물이든, 들판 적시며 곡식 키우는 강물이든, 하물며 오수관에서 흘러나온 폐수까지 고스란히 끌어안는다. 산등성이 돌덩이가 구르고 부서져 당도하면 파도로 쓸어내리고, 버려진 것들이 어우러지지 못한 채 떠다니면 갯것들을 붙여 가라앉힌다. 달궈진 땅을 식히려 물의 전령을 보내는 것도 잊지 않는다. 겉 물결이 잔잔하여도 먹이 낚는 갈매기 물갈퀴처럼 쉼 없는 나날이다.

품는 것이 숙명인 바다지만 바람 잘 날이 드물다. 겪어 보지 못한 시커멓고 누런 물이 밀려들고, 높아 가는 수온에 산호초마다 허연 종기로 뒤덮였다. 짙푸른 녹조에게 생때같은 목숨을 내어주거나 칠흑빛 기름 때문에 지옥 같은 어둠만 계속될 적엔 어디로든 달아나고 싶었을 게다. 믿었던 빙하까지 녹아내리니 더더욱 숨이 차지 않을까. 때로는 시름을 내려놓을 쉼터도 필요하겠지.

정이 모인 보洑다. 인연이 고인다. 그의 어머니가 옛집을 찾는다는 소식이 전해지자, 자매들은 물론이고 속내 아는 일가친척과 오래된 벗들까지 모여들었다. 방 안으로 들어서며 말없이 등을 두드리거나 덥석 손을 잡아 쥐었다. 어수선한 중에도 발끝 들고 걷는 듯 몸짓을 아꼈다. 오가는 말은 적었지만 다독이는 마음이 하나임을 눈빛에서 알 수 있었다. 집 안의 온기가 소금 가마니로 곳간 채우듯 그득해졌다. 어느 순간 두 손으로 얼굴을 감싼 그녀의 온몸이 무릎 위로 무너졌다. 말문이 막힌 어미에겐 참척의 고통을 피해 마음껏 눈물 흘릴 안식처가 절실했을지도 모른다. 봇물 터지듯 쏟아져 나오는 울음을 아무도 막지 않았다. 아들의 영혼을 바다에게 맡긴 모정이 피붙이와 나누는 이야기에서 얼마나 위로를 받았을지 짐작되지 않는다. 그저 구석에 있다가 빈 잔에 물을 채워 슬쩍 밀어주었을 뿐이다.

    소금물이 들어찬 해주를 들여다본다. 광풍에도 미동 없는 흙벽이 든든하다. 벽마다 선 굵은 나이테가 탑을 쌓듯 도드라졌다. 시련을 견디고 고비를 넘긴 흔적이다. 그곳은 우선의 피함이지 끝이 아님을 깨닫는다. 오늘을 지키며 내일을 잇는다. 쓴맛은 곰삭히고 감칠맛 더하는 시간을 갖는다. 예측에서 벗어났든 준비가 덜 되었든, 짐작지 못한 세계로 던져진 운명만 탓할 수 없다. 실망이나 후회는 미뤄두고 곤궁에 빠진 처지부터 받아들인다. 성급하게 나서기보다 제자리를 지키며 순간순간에 집중하다 보면, 여명이 밝아오듯 비를 쏟던 먹구름도 언젠가는 흩어질 터이다. 고초를 겪어 본 자가 다른 이의 아픔도 이해하기 쉽다. 곁에 있는 이들과 어깨를 포갠다면 감당할 힘이라도 얻지 않을까.

 처마 틈새로 빛이 쏟아진다. 부글거리던 물거품은 가라앉았고 소용돌이치던 격랑도 잠잠하다. 염부가 앞선 과정을 되돌린다. 소금꽃 피우기에 딱 좋은 불볕이다. 누웠던 고무래가 슬며시 일어선다.

《수필오디세이》 2024, 겨울호

염산면 두우리 염전

염산면 야월리 염전

겉과 속

부모 손을 잡은 아이들이 수시로 들어선다. 유치원생이거나 초등학교 저학년쯤이겠다. 익숙한 곳인지 주저 없이 계단을 뛰어오르고 엘리베이터 속으로 사라진다. 한 무리 청년들은 사진을 찍느라 와자하니 돌아다니고, 허리 굽은 어른을 부축한 대가족은 첫 방문인지 여기저기를 신기한 듯 휘둘러본다. 나 또한 방명록에 이름을 적고 두리번거린다. 창밖에서 원자로 지붕이 흘긋거리는 한빛에너지팜이다.

그동안 원자력발전소는 위태로운 이미지가 강했다. 거대하게 엎드린 돔은 위압감을 주었고, 아무나 다가설 수 없는, 아니 가까이 가면 안 되는 요새처럼 멀게 느껴졌다. 체르노빌 원전 폭발 속보에 가슴이 쿵 내려앉았고, 후쿠시마 사고 후 오염수 방출 발표는 피부에 와닿는 위협이었다. 소금값이 천정부지로 뛰었고, 즐기던 수산물을 앞으로 먹을 수 없을지도 모른다는 전문가의 분석은 공포를 넘어 우울하게 했다. 원전 사고를 소재로 한 동화나 소설은 타국의 이야기가 아니라 곁에서도 언제든지 일어날 수 있다는 현실감을 일깨웠다. 또 발전소에 쓰이는 중요한 부품을 위조하여 납품했다는 뉴스를 접했을 때는 원망과 분노가 솟구쳤다. 국민의 생명과 안전을 담보로 사리사욕을 채운 이들에게 잘못에 맞는 책임은 졌는지 묻고 싶었다.

그러나 행동 따로 속마음 따로일 때가 부지기수다. 강대국이 핵기술을 만들어낸 뒤에도 유색인종 국가와 식민지에서 갓 벗어난 나라들에게 핵을 무기로 지속적 영향력을 행사하려 했다는 사실에 분개하면서도, 그 틈바구니에서 우리의 원전 기술이 수출할 정도로 발전한 점은 뿌듯해 한다. 사용 연한을 넘긴 원자로는 가동을 멈춰야 한다는 시민단체의 주장에 고개를 끄덕이다가도, 새로운 시설을 건설하려면 주민들의 극심한 반대에 부딪힐 상황은 안 겪어 봐도 눈에 선하다. 사고 위험이 크다며 원자력발전을 포기하고 신재생에너지만으로 전력을 공급한다면 지금처럼 편리한 생활을 누릴 수 있을까 의문도 들고, 전기에너지가 주는 각종 혜택을 줄일 용기도 선뜻 나지 않는다. 전기료 걱정도 슬그머니 끼어드는 건 어쩌지 못하는 이중성이다.

속사정을 엿볼 기회가 있었다. 몇 달 전, 한 청년이 상담실에 찾아왔었다. 원자력발전소에서 근무한단다. 자신이 하는 작업에서 '혹여 작은 실수라도 생기면 사고로 이어지지 않을까'라는 부담을 상당히 갖고 있었다. 때문에 퇴근 후에도 제대로 잠을 이루지 못한다. 소심한 성격 탓으로만 돌리기엔 정교하고 세밀함을 요구하는 분야였고, 연일 집중력 있게 그 일을 해내는 어깨가 무거워 보였다. 다큐멘터리 〈원자력발전소 사람들〉에서 숨소리조차 크게 내지 않고 눈 한 번 떼지 않는 상태로 집중하는 기술자들의 작업을 지켜볼 때는 청년의 근심 가득한 표정이 겹쳤다. 수십 명이 하나처럼 손발을 맞춰 가며 한 치의 오차도 없도록 부품을 조립하는 광경은 보는 내내 두 손을 맞잡게 하였다. 미세한 티끌 하

영광한빛에너지팜

나도 허락하지 않겠다는 듯 닦고 또 닦아내던 숨찬 뒷모습이 유독 오래 남는다. 하지만 고된 몸짓은 투철한 사명감으로 비쳤고, 맡은 일에 최선을 다하는 자세는 신뢰감이 들며 위안으로 이어졌다.

아는 만큼 보이고 관심을 가지는 만큼 애정이 생긴다. 안을 깊숙이 들여다본다면 겉과 속이 따로인 생각이 바뀌려나. 무지한 앎의 물꼬를 튼다. 전력이 생산되는 과정을 안내 직원에게 설명 듣고 원자로 모형 시연에도 참여해 본다. 원자핵은 외부의 중성자를 흡수하면 쪼개지는 성질이 있고, 핵분열의 연쇄반응 속도를 조절하여 에너지를 얻어내는 방식이 원자력발전이다. 방사능이 함유된 물은 두꺼운 벽으로 가둬두고, 전기 발생기에서 생긴 수증기가 터빈을 돌려 전기를 생산한다. 여기에서 모인 물은 별도의 폐회로에서 순환되기에 벽 안의 방사능 물질과 전혀 만나지 않는다. 바닷물은 뜨거워진 스팀을 냉각시킬 때 사용된다. 들고나는 통로가 각기 다르다. 역시 방사성 물질과 접촉 없이 정해진 길로만 다닌다. 머릿속에서 막연하게 떠돌던 원자로 내부가 일목요연하게 정리된다.

우연히 직원과 속내도 나눈다. 법성포에서 태어났고, 이십여 년 동안 밤낮을 바꿔 가며 한빛원자력발전소로 출근해 왔단다. 덕분에 부모님을 곁에서 모시고 자식들도 단단하게 키워낼 수 있었다. 우리나라의 산업 발전과 가정에 필요한 전력을 생산하는 데

청춘을 바쳤다. 일에 대한 자부심 때문인지 목소리에 힘이 들어간다. 지금도 여러 대학의 원자력공학과에서 젊은이들이 기술을 익히고 학업에 매진한다. 철저하게 훈련받은 기술진이 현장에서 움직이고, 연구진의 노력으로 과학기술이 빠르게 나아가고 있으니 너무 걱정하지 말란다. 자신감 있는 당부는 믿음직하다. 결국 안전한 원자력은 사람 손에 달렸음을 그와의 대화에서 알아챈다. 많은 사고 뒤에는 인재人災가 숨어 있었다는 사실도 상기시킨다. 위험을 품고 있는 과학기술일수록 검사는 원리 원칙에 따라 실시하고 정비는 빈틈이 없어야 하겠다. 낡고 오래된 설비는 손익을 따지지 않고 때맞춰 교체해 준다면 국민의 불안도 어느 정도 줄어들지 않을까.

    이야기를 나누는 내내 여자아이 웃음소리가 이층 홍보관을 채운다. 서너 발짝 앞서 책장 뒤로 숨는 엄마를 잡으려는 종종걸음이 보는 이의 입꼬리를 올린다. 저 천진한 웃음을 지켜주고 싶다. 간절한 바람을 안고 문을 나서니 눈앞에 반달 모양의 지붕들이 죽 늘어섰다. 낯설게만 느껴지던 발전소의 반구가 밥사발 엎어 놓은 것처럼 친근하게 보이는 건 가벼워진 기분 탓일는지. 오늘만은 겉과 속이 하나가 된 듯하다.

곰돌, 그 자리에

몰래 숨어들지 않았다. 누군가 실수로 놓아둔 것도, 눈치 보며 지내는 셋방살이도 아니다. 위엄을 빌리려 빌붙었다고 여긴다면 더더욱 오해다. 존재는 있으나 눈에 띄는 걸 꺼린다. 나는 사라지고 너의 색으로 물들길 바란다. 혹여 있음이 흠이 되어 명성에 금이 갈까 두렵다. 바람은 무심히 지나쳤으면 좋겠고, 오르내리는 개미군단마저 눈치채지 않도록 숨을 죽인다. 위장술이 통했는지 세월의 더께가 검버섯처럼 내려앉은 석탑에서 구별해 내기는 쉽지 않다.

폐사지다. 인적 드문 터에 고요가 똬리를 틀었다. 병풍처럼 둘러섰을 전각은 흙먼지로 돌아갔고, 탑돌이하던 발길이 끊긴 시간을 헤아리지 못한다. 깨달음을 향한 정진인가, 심지 굳은 화두에 몰입했는가. 천 년을 누르며 석탑 하나 빈터에 정좌했다. 입을 닫고 참선에 든 수행자처럼 소리도 미동도 없다.

볕살 아래 세상은 돌고 돈다. 시간의 톱니바퀴에 깔린 만물은 낡고 헐거워지는 것이 순리다. 탑신을 지탱하던 흙바닥은 물줄기에 쓸려가 파이고, 망치와 정에 대항하던 돌덩이는 바람만 스쳐도 표면이 바삭거린다. 기우는 대로 놔두면 쓰러지고 부서진다. 넘어지려는 쪽을 받쳐야 제 역할을 다할 수 있다. 바닥 돌과 몸돌 사이, 단단한 굄돌이 누웠다. 덕분에 영광 신천리 삼층석탑은 지붕돌이 꼿꼿하고 머리 장식이 돌올하다.

끝부분을 살짝 들어 올려 평형을 유지한다. 정갈하고 반듯한 선을 맞춘다. 육중한 몸체가 내리누른다. 타인의 무게를 가슴으로 받아들인다. 시시포스의 바위가 이보다 무거울까. 바짝 엎드려 혼신의 힘을 다해 버틴다. 시시포스는 돌이 굴러 내려가는 동안 쉼이라도 있을 것이나 굄돌은 지축이 흔들려도 밤낮이 바뀌어도 그 자리를 떠날 수가 없다. 짊어지는 소임을 묵묵히 다할 뿐이다.

석탑은 존재 그 이상을 품었다. 탑은 소원을 전하는 통로이며 간절한 바람을 들어주는 귀다. 가족의 안녕과 부귀를 비는 비손을 지지하고, 성불을 위한 수행승의 고행에 동참한다. 나라 번영에 대한 기원에도 마음을 더한다. 야트막한 둔덕에서 자라는 뽕나무잎의 속살거림도 듣는다. 검붉은 오디가 발아래 뒹굴면 만난 적 없는 누에를 상상한다. 고치에서 풀려 나오는 비단실처럼 오래된 탑에는 인간에서 미물까지 털어놓은 온갖 사연이 차곡차곡 쌓였을 테다. 굄돌이 강건하게 받드는 것은 추녀를 멋지게 들어 올린 탑신이 아니라 기울고 휘청이는 삶의 애환일지도 모른다.

 기우는 것들은 굄돌이 받쳐준다. 거대한 기둥 주춧돌을 받치고 바람막이 돌담 구멍을 괸다. 괴어놓은 고인돌은 죽은 자의 영면이 평안하도록 보호하고, 장독을 고이 받든 막돌은 맛깔난 장맛을 지킨다. 한옥을 받친 구들돌은 뜨거운 열기를 견디며 방 안을 데우고, 뿌리내리지 못한 묘목의 흔들림은 지줏돌이 잡아준다. 가구의 기우뚱거림은 골판지가 메우고, 등 굽은 노인은 지팡이를 의지해 다니며, 어른들의 관심 어린 시선이 아이들의 방황을 붙잡는다. 받치는 것들은 무언가를 지켜내는 숭고한 힘을 지녔다. 어느 곳에서나 받들고 채우는 이들이 있어 세상은 끊임없이 흐른다.

 모든 굄돌은 누군가의 몸에서 떨어져 나온 일부다. 어딘가에서 나뒹굴다가 들려 나온다. 빛깔은 거무튀튀하고 조각은 볼품없으나 굳센 강인함을 지녔다. 남을 받들려면 내 안이 굳건해야 한다. 하릴없이 지내는 무수한 날에는 인내심을 키우고, 희망마저 놔버리고 싶은 시기를 지나며 내면의 굳은살도 두꺼워졌을 것이다. 기다림의 시간은 헛되지 않으며 자신만의 안쪽을 채우는 데 필요조건이다. 주머니 속의 송곳은 숨어 있어도 저절로 알려지곤 하니까. 세상사 실패했다고, 전체에서 멀어졌다고 여겨 자포자기할 일은 아니다. 인고의 세월 중에도 쓸모 있음은 있기 마련이다.

무게의 눌림에 온몸이 으깨진다며 비명을 지르거나 먼지 쌓인 구석에 놓인다며 항변하면 기껏 얻은 기회가 날아갈 수 있으니 참을성도 길러둔다.

받치는 몸체와 묶이는 순간부터 시간과 공간을 공유한다. 공동운명체가 되어 같은 하늘을 바라보고 별을 세며 밤이슬을 맞는다. 지인인 그녀의 가정은 바람 잘 날이 드물었다. 자영업하는 남편은 그녀가 경제적으로 받쳐주길 원했으나, 친정 노모는 홀로 살고 자신의 월급으로는 뒷받침해 주기가 버거웠다. 그녀의 살림살이는 아랫돌 빼어 윗돌 괴고 윗돌 빼서 아랫돌 괴느라 늘 위태로웠다. 절망 속에서 허우적거렸고 숱한 날을 흐느꼈다. 풍랑에 떠밀리지 않으려 밥숟가락 뜨는 것조차 잊는 날이 잦았고, 밤잠을 설치며 아침을 맞기가 부지기수다. 거친 숨소리가 집안을 채우며 고성이 오간 날이면 전화기를 붙잡고 놓지를 못했다. 무너지려는 집을 떠받치고자 노심초사하다 갑자기 찾아온 암 덩이는 겨우겨우 지탱하던 삶의 버팀돌마저 걷어찼다. 그녀의 가슴 한쪽까지 가져갔다. 그녀는 종종 말한다. 몸이 한 방향으로 치우치니 걸음걸이가 비스듬히 쏠리는 듯하다고. 텅 빈 가슴에 인공물이라도 괴어 무게 중심이 기운 몸의 균형을 잡고 싶다고. 그러면 넘어진 생도 일어설지 모른다고.

막돌이라도 돌탑에 얹히면 무탈을 조아리고, 미술관 작품을 받들면 선망의 눈길을 받는다. 굄돌이라고 왜 드러내고 싶지 않겠는가. '나 여기 있어요'라며 오가는 이들에게 알은체도 하고, '너 때문에 참고 수고하고 있으니 알아달라'며 생색도 내고 싶을 테다. 짓눌리는 시간이 길어지면 차라리 어딘가로 내동댕이쳐지는 자유를 갈망할지도 모른다. 희생하겠다고 작심한 적 없고, 헌신의 유전자를 특별나게 내장하지 않았다. 우연히 어쩌다 보니 굄돌, 그 자리에 놓였을 뿐이다. 하여, 지금 이곳에 있는 모두의 운명처럼 다 이유가 있으려니 여긴다. 아무도 눈여겨보지 않을지라도, 애씀을 알아주는 이 없어도, 받드는 일에 일념을 쏟는다. 주어진 대로 담담하게 해낸다.

굄돌은 현재를 간직하고 미래로 나아가게 한다. 뙤약볕에 닳고 무시로 스며드는 습기에 낮아지는 것들을 추스르고 일으켜 세운다. 작은 몸뚱이로 떠받들어 느려 가던 초침의 궤도를 일상으로 돌려놓는다. 저마다의 생을 완수하도록 뒤에서 아래에서 돕는다. 굄돌은 기울어 가는 자들의 든든한 들무새다.

신천리 삼층석탑 주변으로 돌마을이 생겼다. 불빛을 밝히던 석등이 앞자리를 차지하더니 옆으로 승탑 몇 기가 모여들었다. 밖은 소란해도 여전히 굄돌은 등을 내어준 채 침묵에 들었다. 그 의젓한 힘이 존귀하다. 소나무가 청량한 향기를 내뿜는 폐가람에 온기가 돈다. 서쪽으로 기우는 햇살이 굄돌을 다독인다.

노을 영광

묘량면 신천리 삼층석탑

4부

봄

보리 바람

지내들녘이 들썩이는구려. 축제를 연다기에 기다리고 있었소. 가만 보니 여인들이 며칠 전부터 분주히 오갑디다. 노란 머리 콩나물은 길쭉한 몸통을 탱탱하게 삶고, 갈색 금고사리는 들기름 듬뿍 부어 버무렸소. 채 썬 당근은 윤기 나는 주황빛 살려 볶아내더니, 푸른 봄빛 머금은 취나물과 시금치를 무쳐 보리밥 위로 줄 세웁디다. 계란 지단까지 얹자 고명들이 저마다의 빛깔을 뽐내는구려. 비빔 솥이 꽃수를 놓은 듯 참으로 곱소. 어른 열댓 명이 둘러서야 비벼질 양이니 오신 분들은 넉넉히 드시오.

오월의 보리논이오. 초록 옷을 벗는 중이라 때깔이 썩 산뜻하진 않소. 까끄라기 수염은 더욱 뻣뻣해져 어린아이 살갗이라도 스칠까 염려되오. 그래도 사진을 찍겠다는 사람들이 몰려오는구려. 고흐의 밀밭 그림처럼 멋진 배경이 되어주고 싶으나, 마디마디에 바람이 들어앉아 미세한 스침에도 흔들린다오. 명지바람만 불어도 휘청대고 냇바람에는 모로 눕게 되지. 누군가 보릿대를 꺾어 불거든 귀 기울여 보시오. 속살대는 소리는 언 땅을 녹이던 무용담이고, 소곤대는 몸짓은 보리순 뜯으러 왔던 아낙들이 놓고 간 풍문을 날려 보내는 거라오. 피-닐리리 가락이 힘차거든 논바닥 채울 물살이 밀려오는 신호이니, 고랑 사이를 누비던 발길을 돌리는 것이 좋겠소.

축제를 열어준다니 반갑기는 하나 도통 속을 모르겠소. 어떤 이는 어렵게 살던 날에 보리밥을 물리게 먹었다며 쳐다보지 않거나 미끈거리는 보리알갱이가 입안에서 돌아다녀 씹을 수 없다고 그릇을 밀치오. 쌀밥에 겨우 보리 몇 톨 섞어 건강식이라며 생색을 냅디다. 오죽하면 예전엔 학교에서 도시락 검사까지 했겠소. 나도 엄연한 곡물인데 그때는 자존심이 바닥으로 무너집디다. 또 삶을 되새기는 글들에선 나로 인해 즐겁고 행복했던 기억보다 슬프고 아릿한 추억이 대부분인 듯하오. '보리문둥이'로 부르거나 '보릿대춤을 춘다'느니 '보리바둑을 둔다'며 웃음거리로 만들 때마다 억울한 심정을 이루 말할 수가 없소. 가난의 상징이라느니 일등 곡식이 아니라는 말까지 서슴없이 뱉을 땐 허망하기까지 합디다. 사계절이 있는 나라에서 겨울 땅조차 놀리지 않았던 것도 내가 기후 조건을 따지지 않고 자라는 습성을 지녔기에 가능했을 것이오. 물속에 발끝 담그고 뙤약볕 아래에서 키를 키우는 까탈스러운 벼농사만 지었더라면, 살림살이는 훨씬 더 팍팍하지 않았을까 싶소.

　궁상맞은 역할만 맡았다고 생각하면 오해요. 폼나는 주인공은 아니더라도 비중 큰 배역도 주어지더이다. 냉장고가 없던 한여름, 뜨겁게 달군 가마솥에서 까슬한 껍질을 벗지 않은 채로 뜨끈해질 때까지 덖어졌소. 덩달아 바싹 마른 작두콩도 들려 나와 한통속으로 볶였다오. 삶이란 쉬운 길보다 어렵고 힘든 과정에서 얻는 것이 많다기에 살이 타들어 가는 열기를 견뎠소. 겨우내 꾸덕하게 말린 부세 조기를 장독 안에 켜켜이 누이고 후끈거리는 몸으로 빈틈없이 덮었다오. 구수한 향을 풍기는 작두콩과 부숭부숭한 모싯잎까지 합세하여 귀한 조기를 감쌌지요. 꼿꼿하게 꼬장 부리던 생선이 처음엔 서먹해 하더니 따라붙은 보리 향을 받아들여 대하는 몸짓이 부드러워지더이다. 감히 벌레나 습기가 달려들지 않도록 정성껏 품어주었소. 덕분에 습한 무더위에도 굴비 맛은 변함이 없었고, 고소함까지 더해져 세인들의 평판이 높았다오. 그 맛에 반한 사람들이 굴비 앞에 내 이름을 나란히 끼워주지 않았겠소. 지난 이야기지만 가문의 영광입디다. 이제는 사시사철 냉동실에서 지내는 굴비인데도 한결같이 보리굴비로 불러주어 고마울 따름이오.

　나름의 쓸모가 있던 때에는 나를 가져다주고 바꿔 오는 물건

군남면 찰보리축제 '허수아비 만들기 대회' 수상작

도 있었다오. 보리타작이 끝날 무렵은 과수원의 복숭아가 붉은 기를 늘려 가고 참외 알이 굵어지는 시기요. 비 그칠 기미가 보이지 않는 장마철이면 어머니들은 가마니에서 나를 서너 됫박 퍼내 광주리에 이고 과수원으로 향했다오. 벌레 먹은 복숭아며 흠집 있는 참외지만 발걸음도 당당하게 가져왔소. 새콤달콤하면서 설컹거리는 부위는 자식들 입에 물려주고, 달달하고 물렁한 조각은 이 없는 어른들에게 밀어주고는, 자신들은 설익은 부분이나 딱딱한 씨방 근처를 훑어 먹습디다. 드러나진 않으나 어미라는 존재들은 거룩한 심성을 지닌 듯하오.

지내들옹기공원

오곡 중에 으뜸이라며 추켜세우던 시절도 있었소. 가을 곡식이 떨어질 즈음, 풋바심으로 허기를 면하고 보리개떡으로 끼니를 건너다가 알곡이 익어 가면 한시름 놓았다며 반기더이다. 그러나 세상 입맛은 영원하지 않았소. 먹거리가 흔해지면서 찾는 층이 급격히 줄어들었소. 나라 곳간마다 가마니가 쌓여 갔고, 설상가상으로 타국에서 값싼 보리까지 들어와 활개를 치더니 급기야 정부에서 보리 수매를 폐지하는 지경에 이르렀지 뭐요. 인간들 변심 때문에 사라져 간 것들이 어디 한둘인가 싶어 마음을 다독이다가도 매출 끊긴 농부의 한숨에 된서리 맞은 듯 고개가 꺾이었소. 차가운 땅속에선 봄이라는 희망이라도 있습디다. 흙 밖은 매서운 바람이 등을 밀고 무거운 얼음덩이가 짓누르는 곳이오. 곡식으로 거둬들이지 않는 나를 알맹이가 영글기 전에 소여물로라도 보낼 수 있으면 그나마 다행으로 여깁니다.

하지만 어찌 변한 인심만 탓하리까. 나에게서 부족한 부분을 곱씹어 봤소. 나를 쌀밥에 올리려면 퍼지는 속도가 늦어 미리 한번 삶은 후 밥을 지어야 했다오. 빠르고 간편함을 추구하는 시대에 조리법까지 번거로우니 자연히 멀어졌겠지요. 그동안 배고프거나 아픈 사람들 곁을 지켜 왔소. 아직까진 어딘가에 나를 필요로 하는 손길이 있으리라 믿으오. 떠밀려 사라지지 않으려면 변하는 것이 최선이라오. 하여, 영광 고을에서는 물을 빨리 받아들여

쌀처럼 잘 불어나는 보리로 변신시켰소. 불리거나 삶지 않고 물만 조금 더 부어주면 된다오. 밥맛이 부드럽고 찰지다며 '찰보리'라는 애칭까지 붙여줍디다.

처음으로 찰보리를 심어 널리 알렸다며 영광을 '찰보리시배지'로 부르오. 최초라는 성공은 쉽게 오지 않았소. 밤잠을 설치며 논가를 맴도는 시간도 보냈고, 낟알이 썩거나 이삭이 패지 않는 실패를 밥 먹듯이 겪었소. 포기하고픈 고비도 여러 번 넘겼소. 노력한다고 바라는 것이 이뤄지겠는가마는 살아남으려는 간절함이 '첫'이라는 결실로 이어졌다오. 많은 이들의 수고로움이 같이하기에 여전히 들판에서 바람 따라 일렁이며 황금빛으로 물들어 가고 있소. 그 처음을 기념하려고 보리 이삭이 익어 가는 계절에 군남면 지내들에서 잔치를 벌인다오. 남도를 여행하던 옛 선인도 '보리 물결은 바람 앞에 부드럽고'라며 영광 보리밭의 아름다운 풍경을 읊었다지요. 보리 바람이 소식을 전하거든 떠나오시오. 보리의 고장에서 그대를 기다리겠소.

《부산수필문예》 2024, 봄호

동백마을에 동백꽃이 피면

 동죽조개 맛이 깊어지면, 서쪽 바닷가 동백마을에 가리라. 마을 앞 고두섬 주변으로 바닷물이 빠져나가면 갯벌에 숨구멍이 보이고, 그곳을 호미로 깊숙이 파내 보리라. 부지런히 뻘 속을 뒤지면 봄볕 품은 동죽이 물총을 쏘아대며 손에 잡힐 것이다. 혹여 귀한 백합조개라도 찾는다면 산삼을 발견한 심마니처럼 소리쳐 보리라. 심봤다!
 걸어가도 좋으리라. 느직한 걸음걸이에 맞춰 가는 길이니 지나치는 풍경을 차곡차곡 눈에 넣기에 좋으리라. 드문드문 다니는 군내버스 시간과 바다의 물때가 다른 날에는 천천히 걸어서 동백마을로 들어가리라. 배낭에 기다란 장화는 개켜 챙기고, 김 올린 모시송편을 찬합에 넣고, 보온병에 팔팔 끓인 커피물을 내려 등에 짊어져야지. 자동차 길은 산허리를 휘돌아가니 가로지르는 샛길로 발길이 빠질 것이다. 밭둑길을 걷노라면 앞서가는 여자들 사이를 바짝 붙어 종종걸음 치는 어린아이를 만날지도 모른다. 곁으로 다가가 들어보면, 그중 나이 든 이는 우스갯소리로 목청을 돋우고, 돌부리에 넘어질세라 연신 아이 발밑을 살피는 젊은 여인이 뒤따를 것이다. 앞뒤로 든든하게 지켜주는 이들과 함께 걷노라면 가풀막도 걱정이 없을 것이고, 눈앞을 가로막는 분패 치는 날이라도 봄날 종달새 날아오르듯 발끝부터 경쾌해지겠지. 땀이 솟는 허우재 고갯길을 오르거들랑 바위에 걸터앉아 보온병 뚜껑에 커피를 부어 호호 불어 가며 마셔 보리라. 지나던 바람마저도 진한 커피 향에 주변을 맴돌지도 모를 일이다.

갯벌에서 캐어낸 조개가 보따리에 가득 차면 어른들은 어깨에 메고 후적후적 평지를 걷듯 갯벌을 빠져나가고, 작은 호미를 양손에 들고 뒤따르던 아이는 여전히 뻘에 빠진 발을 빼내느라 끙끙대고 있을 것이다. 갯골에 물이 차면 큰일이라며 재촉하는 말에 등줄기가 서늘해지며 펄떡이는 핏줄 따라 뻘흙이 젖은 바지를 타고 윗도리까지 올라가겠지. 동백나무 밑으로 흐르는 계곡물을 떠서 아이를 씻기는 여인의 손길에 투박한 다정함이 묻어날 것이다. 우윳빛 바닷물을 내뿜는 조개 속살을 까서 부뚜막 소주병에 담긴 막걸리 식초를 부어, 쪽파는 잘게 썰고 깨소금·마늘·고춧가루와 버무린 조개회무침을 숟가락으로 푹푹 떠서 먹어 보리라. 몸속에 새겨 있던 새콤달콤한 기억도 되살아나 입맛을 당길 것이다.

곁들여지던 헐렁한 농담에 등잔불조차 좌우로 흔들거릴 것이고, 추억은 목젖을 거쳐 심장으로 들어가 새빨간 도장 자국처럼 깊숙이 박히리라.

서해안 주꾸미가 불룩하게 알을 품고 비닐하우스 미나리가 겨우내 올린 키 자랑을 할 때면 백수해안도로 옆 동백마을로 가리라. 밀가루로 박박 씻은 주꾸미와 긴 뿌리 냉이를 다듬어 끓인 육수에 살짝 데친 후 초고추장에 찍어 먹거나 양배추와 양파를 넉넉히 썰고 매콤한 양념을 한데 섞어 볶아 내어도 맛나겠지. 아삭하고 향긋한 봄맛에 항아리에서 막 떠낸 막걸리 한 사발이 찌릿하게 목구멍으로 넘어가면 숨죽였던 춘심春心이 화들짝 일어날 것이다.

차로 가도 좋으리라. 산허리를 구불구불 돌고 돌아 아래로 마을이 보이거들랑 비탈길로 내려가 보리라. 사람들은 내리막을 싫어한다지만 목줄을 타고 내려가는 음식물 덕분에 피돌기로 심장은 뛸 것이고, 계곡 아래로 흐르는 물길이 있어야 구르던 돌은 너른 바다에 다다를 것이다. 무거운 짐을 짊어진 이는 가파른 길을 내려가야 그 짐을 평지에 부려 자유를 찾으리라. 부채꼴처럼 넓어지는 동백마을에서 한 자리를 차지한 영화 〈마파도〉 배우들이 묵었던 집도 구경하고, 대밭과 돌담을 거느린 옛길을 유유자적 걸으며 배암골댁의 누렁이와도 눈인사를 나눌 수 있으리라.

하지만 자동차의 빠른 속도로만 내려간다면 오래되고 하찮은 것들은 스쳐 지나칠지도 모른다. 물동이에서 뒷골로 떨어지던 차가운 샘물 맛과 팥죽 끓이던 마당을 주인인 양 차지한 뽀얀 냉이꽃, 유년 시절 조개껍데기 올려놓고 소꿉놀이하던 집채만 한 고인돌 바위를 놓치고 말 것이다. 잠시라도 동백경로당 앞 공터에 서성거린다면 눈앞에 누렁이가 우렁차게 짖겠지만, 막상 다가서면 쪼르르 제 집으로 들어가 버리는 덩치 값도 못하는 녀석이므로 무시해도 좋으리라. 외로운 마음 자락 숨기며 자동차에 짐을 싣고 떠난 이들을 기다리느라 지쳤을 터이니 이름 불러 다독여주면 족하리라. 누군가 따주던 아삭하고 다디단 단감 맛이 불현듯 떠올라 앙상해진 감나무 가지에 울컥해지거든, 얼른 눈길을 먼바다로 돌리며 황급히 마을을 벗어나야 할 터이다.

서쪽 바다에 웅어 새끼가 그물에 걸려 나오기 시작하면 백암리에서 으뜸으로 치고 '동백끼미'라 불리던 동백마을에 가리라. 양푼이에 기름진 웅어를 뼈째 썰어 넣고, 땅속에 묻어두었던 무를 꺼내 기다랗게 채 쳐서 같이 버무려 내어놓는 이 있으리라. 아궁이 잔불에 석쇠 얹어 구우면, 입안을 감도는 고소한 맛이 봄을 재촉해 부를 것이다.

자전거 페달을 밟아 해안길로 달려도 좋으리라. 아랫길에서 동백마을을 가로질러 오르면, 춘설 맞은 댓잎끼리 부딪쳐 찬바람을 일으키고 살얼음 낀 샘물에는 조롱박 하나 물결 따라 맴도는

데, 허벅지는 터질 듯 쪼여 오고 가쁜 숨소리에 셔츠는 촉촉하게 물기가 배어날 것이다. 살다 보면 언제 한 번 손쉽게 꼭대기에 오른 적이 있었던가. 초고속으로 오를 수 있는 승강기는 항상 비껴나 있었고, 파도치는 바다를 한달음에 건너뛸 수 있는 케이블카는 다른 고을 얘기처럼 들려왔었다. 그저 내 눈길과 속도에 맞추어 걸어왔으나 가끔은 자전거라도 얻어 탈 수 있으면 족한 삶이리라. 서서히 오르고 또 오르다 보면 동백마을이 훤히 내려다보이는 편평한 아스팔트길이 기다릴 것이다. 아득해 보이던 길도 결국엔 끝에 닿기 마련이다.

노을 진 바다를 마당으로 삼고 집들이 계단을 만드는 마을. 나란히 곁으로 앉은 집보다 오선지 위 음표처럼 윗집 옹벽이 아랫집 벽이 되는 동네가 보이거들랑 제 집 향해 뛰어가는 어린애들처럼 풀숲을 내달려 보리라. 그리고 살구나무와 감나무가 손짓하는 외갓집으로 곧장 들어갈 것이다. 등 굽은 외할머니가 흙 묻은 손에 푸릇한 달래 한 움큼을 쥐고 텃밭에서 한걸음에 달려오신다면, 군데군데 흙덩이가 떨어져 나간 토방처럼 사그라들어 가는 품이지만 뛰어가 안겨 보리라. 이미 많은 것을 주었는데도 당신의 허리춤 풀어 쥐어주는 꼬깃꼬깃한 지폐에 손사래를 칠 것이다. 기억의 둥지로 돌아왔으니 등은 벽에 기대고 지친 두 다리는 마음껏 뻗어 보리라.

백수읍 백암리 동백마을

　어떤 방법으로 찾아간들 어떠리. 인생길은 언제나 정해진 길로만 가지 않거늘. 동백마을을 찾아가는 길은 발길 닿는 대로 배회하는 여행길이어도 좋고, 누군가를 떠올리며 걷는 산책길이어도 좋을 것이다. 어느 날 동백마을에 당도하거든 짜디짠 바닷바람을 품어 안은 초록 잎 사이로 핏빛처럼 붉은 꽃을 언제 또다시 피우려는지 짯짯한 동백나무에게 물어보고 오리라.

《수필과비평》 2022, 10월호
《부산수필문예》 2022, 겨울호

사람이 온다

지하철역 부근으로 난장亂場이 섰다. 일명 노점상이다. 과일 파는 여자는 건널목 입구에 터를 잡았고, 붕어빵 굽는 아저씨는 계단 위의 명당을 차지했다. 바깥 구경 나온 붕어들이 오가는 사람들과 눈을 맞춘다. 옥수수 삶는 아낙의 이마가 땀범벅이다. 지나는 노인이 가판대의 양말을 하릴없이 뒤적인다. 그 옆 간이 옷걸이에는 구제 옷들이 점잔 빼며 걸려 있다. 한낮이어서인지 행인이 뜸하다. 그마저도 눈길 한 번 주지 않은 채 무심히 지나친다.

환풍구에 기대어 아주머니가 머리방아를 찧고 있다. 이른 아침에 공판장을 다녀왔을까. 꿈에서라도 손님 오기를 비는 걸까. 길바닥에 종이상자를 뜯어 깐 만큼이 그녀의 자리다. 둥그런 바구니에 얇은 채반을 포개어 단을 높인 폼이 마치 제기에 제수 올린 듯하다. 홍동백서의 엄격한 법도를 따르진 않았어도 나름의 규칙은 있나 보다. 감자, 오이, 당근, 상추를 가지런히 진열해 두었다.

　길거리 장사꾼으로의 삶은 호락호락하지 않다. 자연의 비바람은 수시로 몰아치고 관청의 단속은 예고 없이 나온다. 짐을 풀고 싸고 피하는데 이골이 났을 터이다. 하루 벌어 그날을 살아내는 이들에게 난전은 가능성의 공간이요, 밥을 위해 허리 숙인 세속의 기도처다. 그런데 손수레에 실린 무게가 좀체 줄어들지 않는다. 홍보라도 한다면 매출이 오르려나. 가져온 상품을 남김없이 판다면 온몸에 내려앉은 매연쯤이야 툭툭 털고 일어서련만, 허리에 두른 전대가 홀쭉하다.

　팔아야 산다. 인간에게 파는 것은 숙명이다. 농부는 작물을 팔고, 어부는 생선을 판다. 공장 제품을 거래하고, 지식이나 정보를 제공하며, 이도 저도 팔 것 없는 이들은 몸으로 때우고 시간을 저당 잡힌다. 판다는 것은 살아간다는 말의 또 다른 표현이지 싶다. 팔려면 알려야 한다. 어디에서 무엇을 파는지 알아야 사러 온다. 알리기 위해 TV에 선전하고, 전광판에 불을 켜고, 자동차 창문까지 도배하며 전단지를 뿌리고, SNS에 띄운다. 현대인들은 뭐든지 많이 팔려고 아등바등 기술을 발전시키는지도 모른다. 하지만 길거리 좌판은 떳떳하게 광고하기가 어렵다. 뜨내기라 내건 간판도 알릴 주소도 없다. 홍보는 언감생심. 그저 지나는 걸음이 멈추길 하염없이 기다릴 수밖에.

영광 고을의 '난장트기'가 떠오른다. 아날로그식 알림 수단을 한데 모아 잔치를 벌인다. 예전에는 한식 무렵이 되면 칠산 앞바다에 조기 어장이 형성되었다. 전국에서 모여든 어선들로 법성포구가 불야성을 이루었다. 또 국가 세금 창고가 있던 곳이다. 한양으로 세곡을 싣고 떠났던 배들이 다시 법성창으로 돌아오는 시기가 단오 기간과 겹쳤다. 잡아 놓은 조기는 골목마다 넘치고, 한

법성포단오제 난장트기

양에서 가져온 물산이 흥성거렸다. 물품은 주인을 찾아가야 쓰임을 갖는 법. 방방곡곡으로 굴비가 팔려 나가도록 상인들을 불러 모아야 했다. 법성포 주민들은 단오제 한 달 전부터 장을 열었다.

　세상의 문을 두드린다. 농악대가 길굿을 친다. 꽹과리가 앞장서고 징, 북, 장고, 소고가 뒤따른다. 악기 소리가 제 몸에서 나는 소리인 양 숲쟁이 숲의 나무들이 웅성댄다. 서로 다독임을 주고받아야 숨을 쉬는 게 인간 아니던가. 동굴 문은 '열려라 참깨'라는 주문으로 열렸으나, 사람의 얼어 있는 마음은 온기가 닿아야 녹는다. 닫힌 마음의 문을 여는 의식이다. 두드려 내는 소리에는 빗장을 풀어헤치는 열쇠라도 담긴 걸까. 듣고 있노라면 어느 순간 신명이 일어난다. 심장이 뛰면서 어깨가 들썩인다. 전쟁터 북소리는 병사의 사기를 북돋우고 사찰의 새벽 종소리는 어둠을 뒷걸음치게 만든다. 장터의 장사치는 발 구르고 손뼉 쳐서 무표정으로 지나던 얼굴을 돌려세운다. 두드린다고 모든 문이 열리겠는가마는 마음이 움직이면 몸이 나설 터이니 신바람부터 일으킨다.

　어느새 소문은 손끝으로 전해진다. 카페, 블로그, 인스타그램, 유튜브에 올라오는 평점이나 댓글이 장사의 성패를 좌우한다. 하지만 본래 소문이란 두 발이 하던 일이다. 발은 세상의 길 위를 흘러 다닌다. 국경을 넘나들고 마을과 마을을 연결하며 사람 사이를 흐른다. 오일장 도는 장돌뱅이나 대문을 기웃대던 방물장수는 등짐에 팔도 소식을 함께 넣어 다녔다. 그들의 언어는 흥정을 부추기기도 하고 깨뜨리기도 한다. 법성포에 난장이 열린다는 소식은 보부상 조직이 전한다. 봇짐을 꾸린다. 사방팔방으로 사람 사는 곳이라면 어디든지 찾아 나선다.

상징성을 가진 물체는 눈과 귀를 자극한다. 백 마디 말보다 널리 알리는 역할을 톡톡히 한다. 대문 앞에 금줄이 쳐졌으면 드나드는 걸음을 자제하였고, 대나무에 오색 천을 매단 곳은 무속인 집으로 여긴다. 입간판을 내세우거나 화환이 놓인 가게는 호기심으로 기웃댄다. 법성포에서는 깃대도 한몫 거든다. 눈에 띄게 휘날리려면 곧게 자란 대나무가 제격이다. 막중한 임무를 짊어지는 대나무이니 소중하게 다룬다. 자르기 전 막걸리를 뿌려주고 고사까지 지낸다. 장대에 매달 괴나리봇짐에 난장을 튼다는 문서를 넣고, 장사가 잘 되길 바라는 염원도 꾹꾹 눌러 끼운다. 패랭이와 짚신과 엽전도 무명천으로 묶어 매단다. 준비를 마친 난장기는 멀리서도 알아보도록 마을 입구나 다리 위에 세워 둔다.

알리는 일은 동시대인에게 멈추지 않고 아래로도 이어진다. 대기업의 마케팅은 이미 전 세계인이 아는 맛인데도 새로운 광고를 꾸준히 선보인다. 세대를 넘어서 입맛을 길들인다. 난장트기 행렬 중 장고 치는 여인 뒷줄에서 중학생 딸아이가 소고를 두드린다. 소고춤 동작을 요령 한 번 피우지 않고 배운 대로 소화한

다. 장시간 같은 자세를 취하려면 무릎이 아프기도 하련만 흐트러짐 없이 의젓하다. 보부상 역을 맡은 청년들은 꿀 같은 직장의 휴가 날짜를 행사에 사용한다. 어른들 모시고 잡다한 일을 도맡으며 전통을 익힌다. 문화유산은 지켜야 되지 않겠느냐며 쉼 없이 짐을 나르는 등이 든든하다.

천지신명에게 고한다. 황토와 막걸리를 뿌려 제사 지낼 터의 부정을 씻어낸다. 제관들이 제상에 과일, 나물, 탕, 쌀을 진설하고

향을 피운다. 세찬 바람 한 점에도 넘어질 수 있는 미약한 존재가 인간이다. 사람들은 알고 있지 않았을까. 세상사 사람의 힘만으로 이룰 수 없다는 것을. 아무리 강한 이라도 혼자서는 세파를 헤쳐 나가기 어렵다는 것을. 하늘이 돕고 땅이 거들어야 나아갈 수 있으니 낮은 곳으로 엎드리는 것이 사는 길임을 터득해 왔다. 술잔에 술을 채워 올린 후 절을 한다. 보이지 않는 비손들이 모여 생을 감싼다. 공동체를 위해 무릎 꿇은 몸짓이 숭고하다. 진인사대천명이라 했다. 사람이 할 수 있는 일은 힘껏 애써 본다. 그 뒤는 하늘의 일이다.

사람이 온다. 골목에서 나오더니 졸고 있던 아주머니를 깨워 가격을 묻는다. 순식간에 바구니 세 개가 비워진다. 구부러진 오이는 덤으로 담긴다. 지갑이 열리니 세종대왕의 입꼬리가 슬쩍 올라간다.

《부산수필문예》 2025, 봄호
《선選수필》 2025, 가을호

영광풍경도

좌청룡은 꿈틀거리듯 감싸안았고 우백호는 위엄 있게 호위한다. 현무는 뒤에서 머리를 조아린다. 풍수 고전에서 말하는 명당의 조건을 갖추었다. 병풍처럼 둘러선 산 아래로 성곽에 둘러싸인 관아가 앉았고, 들판이 치맛자락 펼치듯 산비탈에 깔렸다. 수십 채가 넘는 초가와 몇 안 되는 기와집이 서로 어깨를 맞대었다. 계절은 봄, 이파리 없는 가지마다 하얀색 분홍색 꽃잎이 매달렸다. 개울 위 난간 없는 다리가 골목을 연결하고, 장승처럼 우뚝 선 나무 꼭대기에 까치둥지가 선명하다. 둥지를 나서는 까치의 날갯짓이 여유로운 걸로 보아 바람결마저 잠잠한 모양이다. 포근하고 평온한 광경이다. 우리나라 어딜 가나 있을 법하고 눈 감고도 떠올릴 것 같은 평범한 옛 고을 풍경이 박물관 특별 전시실에 내걸렸다. 나는 지금 심전心田 안중식의 〈영광풍경도〉를 보고 있다.

한성 사는 심전 선생에게 영광 고을은 평생에 한 번 찾을까 말까 한 곳이지 않았을까. 아니, 나서기 전엔 그런 고장이 있다는 것을 들어보기나 했을는지. 요즘도 잘 닦인 고속도로를 네댓 시간 달려야 닿는 곳이니, 교통이 불편한 시절에 유람 삼아 나서기엔 멀고 고된 길이었을 터이다. 기차라도 갈아탔다면 그나마 낫겠으나 발품만 의지했다면 며칠은 족히 걸릴 거리다. 밀려드는 외세에 빠르게 변해 가는 도시의 삶을 살다가 시골 전경을 마주한 그는 무엇을 보았을까. 병풍도 곁을 서성이는데 어디에선가 화가의 소리가 들리는 듯하다.

내게는 출장길이었네. 출장이란 해야 할 일을 품고 가는 떠남이지. 주머니에 붓을 담고 천 리를 내려왔네. 정자에서 보는 풍경을 그려 달라는 조씨 형제의 간곡한 청이 있었다네. 먹으로 맺은 인연이었기에 거절하기가 어려웠지. 길을 나설 때는 기대가 컸어. 얼마나 아름다운 풍광이기에 그토록 간절하게 나를 불렀나 싶었지. 머릿속에선 기암절벽이 드높고 폭포수에서 무지개가 뿜어져 나오거나 굽이치는 시냇물 따라 복사꽃이 떠다니는 별천지를 떠올렸네. 하지만 막상 당도하니 논밭을 구불구불 휘감은 산세나 여염집이 즐비한 마을은 그저 여느 곳에서나 심심찮게 만날 수 있는 모습이었지. 살짝 실망스러웠네만 필시 남다른 광경이 있어 나를 불렀으리라 여기기로 했네.

낯선 곳을 마주하면 잠시 어지럼이 일지 않던가. 나도 처음 체화정棣花亭에 올랐을 땐 고을 풍경이 한눈에 들어오지 않더군. 겨우 초가지붕과 기와집을 구별했고, 훤히 보이는 돌담 사이로 키 큰 나무 정도만 눈에 띄었네. 마을을 에워싼 산등성이만 보였으니 한심스러울 수밖에. 제대로 그리려면 내가 보고자 했던 것이 아니라 그들의 눈으로 찾아야 했네. 수일을 머물며 형제와 글을 짓고 술을 나누며 마음을 열었네.

거리를 두면 나그네일 뿐일세. 안으로 들어가야 실제를 알게 되지. 좁은 골목을 걸어 보았네. 말을 탄 양반과 목줄을 당기는 몸종이 지나더군. 태초의 인간에겐 위아래가 없었을 텐데 발끝이 땅에서 떨어진 이와 온 발이 흙투성이인 이의 처지는 누가 갈라놓았을까. 여기저기서 불쑥불쑥 튀어나오는 신분이 도시나 촌이나 다르지 않아 혀끝을 차게 했어. 다행스럽게도 갓 쓴 이의 온화한 표정에 끈을 쥔 녀석이 콧노래를 흥얼거리더군. 지게가 휘청이도록 땔감을 메고 가는 사내도 만났지. 어깨가 힘겨워 보이는데도 사내의 걸음걸이는 흔들리지 않았네. 삶의 무게를 기꺼이 감당하는 뒷모습이 듬직했지. 짓궂게 장난질 치는 개구쟁이들도 훔쳐보았네. 관아 문을 나서는 사람들도 지켜보았어. 그들에게 어려움이 생긴다 한들 도움도 못 줄 이방인이면서 괜스레 신경만 쏠렸다네. 혹여 입가를 벙실거리는 무리라도 나오면 덩달아 내 입꼬리까지 올라갔어. 마을을 벗어나니 밭에서 허리 굽은 농부가 쟁기질하고, 곡괭이를 짊어진 젊은이는 논두렁을 오가더군. 결실이 풍성하길 기원하게 하는 장면이야. 길손인 듯한 선비가 동네 어귀에서 새참 내가는 여인에게 길을 묻고 있었어. 구불거리는 길은 밭둑을 지나 옆 마을로 이어졌지. 그 길 따라 사람은 오고 결국은 떠난다네.

아침저녁으로 풍경이 변화했지. 시간이 지날수록 올망졸망한 누각에 비해 댓잎이 무성하여 깊은 그늘을 드리우는 줄도 깨치고, 비옥한 전답으로 흘러드는 물길에 관심도 가게 되었네. 푸성귀를 안고 가는 아낙의 낯이 익고, 마실 나갔다가 돌아와 문고리를 여는 노인의 몸짓도 알아채겠더군. 참으로 소박한 마을 아닌가. 웅장하고 화려함은 없어도 소소한 지복을 누리는 곳이네. 작은 고을의 갑갑함은 품 넓은 들판이 보듬어 안았네. 변화무쌍한 도시였다면 느끼지 못했을 감각이 살아나더니 천천히 흐르는 시간 안에서 사유는 넓어지더군. 올 때는 그림이라는 일감을 가져왔는데, 서서히 혈육이 사는 고을에 온 듯 친근해지고 잊지 못할 장소가 되어 갔어. 제자리에서 묵묵히 견디며 살아내는 일상이 참된 삶인 줄도 알았다네. 보고 듣고 만지는 것들의 소중함 말이야. 속세에 살면서 안빈낙도를 즐기고 싶다면 여기만 한 곳도 없을 듯해. 조씨 형제가 나를 영광 고을로 부른 까닭일 게야. 어느 날부턴가 정자에 앉아 어두운 눈을 닦고 엉성한 붓을 휘둘렀네.

    그림 속 골목을 눈으로 걷는다. 별 특징 없게 여겨졌던 마을이 마음으로 들어온다. 그 시대로 가 볼 수 없고 겪어 보지 않은 곳인데 자꾸 끌린다. 쉽게 다가가기 어려운 진경산수화나 상상으로 그린 무릉도원도를 대할 땐 탄성이 절로 나오나 가슴에 와닿진 않았다. 밥 먹고 잠자며 일하는 삶의 터전이 눈길을 더 당기는 이유가 무얼까. 모여 사는 마을이 주는 편안함이 있다. 한적한 분위기는 분주한 머릿속을 가라앉힌다. 그런 곳이라면 돌담이 등을 대어 있어도 비좁게 느껴지지 않고, 이웃의 다툼조차 소음으로 들리지 않을 것만 같다. 오히려 소록소록 정이 붙는다. 그 풍경 앞에서 오랫동안 발길이 머무는 것은 우리네 진짜 삶이 들어 있기 때문 아닐는지.

선인들은 보름날 경포에 다섯 개의 달이 뜬다고 했다. 하늘에 뜨고, 호수에 비치고, 동해에도 나타난다. 다시 술잔에 떠오르고, 사랑하는 님의 눈동자에도 어린단다. 그 절묘한 표현법을 〈영광풍경도〉로 가져온다. 실제 고을 풍경이 있었고, 화가는 병풍도로 되살렸다. 그리고 경성으로 돌아가는 선생의 기억에도 담아 갔을 것이다. 백여 년이 흐른 후, 정겨운 풍광에 시선을 뺏긴 관람객은 또다시 글로 그려 본다. 예술은 시대를 잇는다.

《수필과비평》 2024, 11월호

영광풍경도

이 글은 늙었다

'보다'의 어원을 가진 봄. 녹고 풀리면 흐른다. 스치고 닿았다가 번져 나간다. 햇살과 비와 바람이 흐르도록 돕는다. 흐른다는 것은 어딘가로 향한다는 뜻이다. 이랑에 심은 모종마다 뿌리를 다 내리지 않고 모든 꽃이 열매가 되는 것도 아니지만, 시기를 놓치지 않으려 농부는 심고 꽃은 피어난다. 무모한 듯하나 가능성을 믿고 내딛는 걸음이다. 응원하게 하는 도전이다. 계절의 리듬에 더딘 도시인들이 달려가 만나려는 장면일 것이다. 천지를 데우는 온기가 인연의 싹을 틔우라고 충동질한다.

영광 오일장이다. 장터는 만남의 무대다. 시간과 공간이 겹치려면 몇 겹의 연緣을 쌓아야 가능할까. 혹여 어느 생에선가 옷깃이라도 스쳤는가. 사철 익숙한 물건들 사이로 갓 얼굴을 내민 봄것들이 모여든다. 황금빛 비늘 옷을 차려입은 참조기는 칠산 앞바다에서 출발했고, 어린아이 손가락처럼 통통한 고사리순은 산자락 밟아 내려왔다. 소개팅 나온 남녀처럼 곁눈질로 주변을 살핀다. 불미나리 줄기가 길가까지 뻗었다. 추위를 견디며 키운 키가 대견하다. 냉이는 금방이라도 흙속으로 뿌리를 내릴 듯 잎사귀가 파릇하다. 주꾸미는 안절부절 다리를 꿈틀거리고, 동죽조개는 시도 때도 없이 물총을 쏘아댄다. 갯벌 밖이 낯설어서겠다. 남남인 존재들이 빈터를 메운다.

　참조기는 일 년 중 봄철에 가장 기름지다. 사람의 기를 돕는 생선이니 겨우내 잃었던 식욕을 돋우기에 제격이다. 육지로 나올 때는 꽃빛이 곱고 됨됨이는 반듯하며 분위기가 조화로운 짝이라도 만나길 꿈꾸지 않았을까. 사시사철 마주치는 편안한 인연도 좋으나, 이 시기가 아니라면 부딪칠 수 없고 다른 무언가로 변화시켜줄 특별한 조우를 바랐을 게다. 최고의 맛을 내려면 무수한 조건을 갖춘 이와 함께해야 가능하리라.

　고사리 날것을 씹으면 혀끝이 아릿하다. 생을 지키려는 독기가 찌른다. 줄기를 뻗고 잎을 벌리려던 삶의 관성이 육질을 공격한다. 어느 생이나 보호본능은 있는 법이니까. 싹을 밀어 올리는 순간에는 대단한 기대나 커다란 희망 따윈 없었으리라. 그저 인적 드문 산비탈에서 뙤약볕 받아 잎이 푸르다가 찬 서리 맞아 사그라드는 유유자적한 삶일 거라 믿었겠지. 인간 손에 꺾인 여린 순은

수장水葬부터 당한다. 독성을 빼내려는 수작에 속수무책이다. 뜨거운 물에 덴 잎눈은 볼품없이 사그라들고, 솜털이 보송한 줄기는 거무튀튀하게 변한다. 연둣빛 면상이 순식간에 박색 꼴로 전락한다. 펼쳐 보지 못한 삶을 아무도 돌아보지 않을까 두렵다.

마고할미는 종종 엉뚱한 방향으로 청홍실을 엮는다. 장바구니에 참조기와 고사리순이 한꺼번에 담긴다. 옷깃이 닿는다. 여름 보양식 민어탕이나 찬기에 속을 데우는 복국에도 물고기와 채소는 나란히 들어간다. 동해 생선은 무와 미나리를 깔고 마늘과 소금 정도로 개운한 맛을 낸다. 갯물을 먹고 자란 어물은 고춧가루와 대파를 넉넉히 집어넣은 매운탕이라야 입맛을 당긴다. 갖은양념이 펄에 뒤섞인 맛들을 아우른다. 같은 주파수끼리는 끌리기 마련이다. 사소해 보이나 참조기와 고사리 사이에는 오랜 연결 고리가 있었다. 명절이나 기일에 제수로 진설되어 예를 지켜 온 동지다. 타고난 지역이나 겉모습은 다르지만, 조상을 정성껏 섬기려는 도리만은 죽이 잘 맞는다.

각자 따로여도 이름값은 톡톡하다. 조기 살로 만든 죽은 어린이나 노인에게 요긴한 영양식이다. 생조기는 간하여 굽고, 마른 굴비는 쪄서 찢어 밥숟갈에 얹으면 군침이 입안에 감돈다. '칠산 바다 조기 뛰니 제주 해안에 복어 뛴다'며 제철에 나는 생선끼리 묶어 기억했을 정도다. 고사리 또한 명문가 출신이다. 삼색나물에

영광매일시장 생고사리와 조기

서 빠뜨리면 섭섭하다. 밭에서 자란 채소에 산의 정기 머금은 고사리를 얹어야 비빔밥의 품격이 올라간다. 둘은 임금께 진상되며 귀한 대접을 받아 오던 가문의 후손들이다.

    한 솥 안에 누인다. 옷깃이 겹친다. 바다와 땅이 합쳐지고 따뜻한 성질과 차가운 품성이 섞인다. 하지만 처음에는 선뜻 바다의 수기를 버리지 못하고 산의 화기를 내세운다. 살코기는 텁텁하고 애순은 질기다. 과거의 나를 고집하면 깊은 맛 내기는 언감생심일

터. 솥 아래에서 불꽃이 더욱 거세진다. 열기가 몸체를 감싼다. 끓는 물에 밀려 바짝 밀착된다. 정이 통한다. 밀어내었다가 당기고 높아졌다가 낮아지며 하나로 화化한다. 육즙이 줄기로 스며든다. 고사리에서 우러난 기운은 조기 살집 안으로 배어들어 비린내를 몰아낸다. 진한 풍미가 숟가락을 부른다.

밥상에 오른 냄비 뚜껑을 연다. 생김새가 그대로다. 머리가 으깨어지거나 몸통이 흩어지지 않았다. 살이 익어 가는 중에서도 자신을 덜어내며 품을 늘렸나 보다. 서로를 받아들이면서도 상대를 온전히 지켜내었다. 인간사도 이러한 마음 씀씀이라면 틀어지고 어긋나는 관계가 조금이나마 사라지겠다. 고사리조기매운탕은 옛사람들이 찾아낸 지혜로운 합습이었다.

그러나 이 글은 늙었다. 대다수 MZ세대는 고사리나물에 젓가락이 가지 않으며, 비늘이 온전한 참조기를 상상하지 못한다. 감정 표현에 솔직한 그네들이다. 결혼은 선택이라며 얽매이지 않는다. 연애 세포를 자극하는 데이팅 프로그램조차 남의 일 취급한다. 불편한 관계는 애써 피하며, 소매 끝이라도 닿을까 봐 야무지게 말아 올린다. '옷깃만 스쳐도 인연'이라는 문장은 옛글에 쓰였거나 나이 든 이들이 사용하는 말로 인식한다. 신의 더딘 실뜨기를 탓해야 하나. 만남의 계절은 왔으나 세상은 생고사리 넣은 조기매운탕을 더 이상 끓이지 않고, 스칠 옷깃도 점점 줄어든다.

선유船遊

"남자들은 내리쇼, 이 배는 여자들만 탄당께라."

사공의 말에 번쩍 귀가 열린다. 갯골에 머물던 바닷물이 흘수선을 향해 기어오른다. 먼저 와 있던 카메라맨이나 구경꾼 중 남자들이 마지못해 배 밖으로 물러난다. 뱃사공과 악공만 남는다. 금남의 공간이다.

그동안 선유船遊란 도포 자락 휘날리는 한량들이 기생과 함께 시 짓고 노니는 장면을 그려 왔다. 신윤복의 〈주유청강舟遊淸江〉이나 김홍도의 〈월야선유도月夜船遊圖〉를 보며 환상을 키웠는지도 모른다. 언제고 깊지도 멀지도 않은 강물 위에서 떠다니는 낭만을 꼭 한 번 경험해 보고 싶었다. 현대인이 조선시대 양반이나 관료들이 누리던 풍류를 체험한다는 것으로도 가슴 뛰는데, 여인들끼리만 떠난단다. 여자라는 이유가 이 자리만큼은 유쾌하다. 일원이라는 자부심에 허리를 꼿꼿이 편다.

일 년을 기다렸다. 처음 소식을 접했을 땐 무작정 달려왔었다. 포구에선 물때에 맞춰 사람이나 배가 나가고 들어온다. 자연의 시간을 잊은 도시인이 일정표 보고 도착했을 때는 이미 뭍에서 배가 벗어나고 있었다. 뱃놀이가 단오제 재현 행사이며, 미리 승선 확인서를 받은 소수 인원만 참여하는 줄도 몰랐다. 여느 축제처럼 누구나 순서만 기다리면 탈 수 있는 놀이기구쯤으로 여겼다. 아쉬움에 노랫소리 웅성거리는 배를 뒤따르며 해안가를 걸었던 기억이 선명하다.

뱃놀이 주역인 걸레배는 판자 몇 개를 잇댄 나무배다. 요트처럼 뱃머리에 돛대를 꽂거나 관광유람선처럼 꼬리에 프로펠러를 매달지 않아 노도 키도 없이 단조롭다. 행정선의 도움 받아 마실 다니는 멍텅구리배다. 그늘 드리울 차일조차 없어 땡볕을 오롯이 받는다. 덕분에 빈 바구니처럼 배 안이 한눈에 들어온다. 동여맨 밧줄을 푼다면 일엽편주가 되어 하염없이 떠돌기 십상이겠다. 예전에는 땔감을 실어 나르고 사람을 건네는 나룻배였다. 이제는 다리가 놓이고 연료가 바뀌어 제 할 일을 잃었다. 하릴없이 갯벌에 코를 박고 시간을 보낸다. 그렇다고 함부로 낮춰 보면 안 된다. 인위적으로 들인 것이 없기에 오히려 품은 너르다. 별, 달, 햇볕, 바람… 뭐든지 태울 수 있다. 봉우리선 고운 산그림자를 들어앉히고 굽이치는 물줄기를 맞이하며 감성을 더한다. 배 뜨기를 기다리는

데 풍선에 공기를 불어넣듯 기대감이 한껏 부푼다.

　육지로 이어진 철제 다리 건너 여인들이 뱃전으로 내려선다. 색색의 한복 차림이 무채색 갯벌을 밝힌다. 왕나비 무리가 살포시 날아드는 것 같다. 수건으로 머리를 둘렀으나 삐져나온 흰머리와 눈가 잔줄은 어찌지 못한다. 얼핏 봐도 모두 고희를 넘겼다. 법성포구 여인이라면 굴비 엮는 솜씨는 달인급이겠고, 억척스럽게 자식 공부는 마쳤으리라. 발걸음은 가뿐하나 양손마다 음식 바구니를 무겁게 들었다. 농악대가 어깨춤을 부추긴다.

　남성이 득세하던 시대였고, 여성이 배를 타는 것은 금기였다. 남존여비라는 미명 아래에서 편견, 차별, 억압, 배척은 오죽 심했는가. 세상에 존재하나 보이지 않는 사람처럼 사는 시간이 길었다. 여자는 엄마이기에 남자와 같은 일을 해도 육아에 대한 책임이 더 따른다. 밖에서 일하고 퇴근 후에 다시 집으로 출근한다. 유명 여가수가 공연을 마치고 집에 들어서자마자 무대복도 갈아입지 못한 채 밥상부터 차렸다는 일화가 남 일이 아니다. 엄중한 시절에도 여인들은 일상의 틈을 벌릴 줄 알았다. 봄꽃 찾아 화전놀이를 가고, 창포물로 머리 감으며 그네를 뛰었다. 조기 파시로 불야성을 이루던 포구이니, 작업의 한몫을 담당하는 아낙네 목소리에도 힘이 실렸으리라. 생의 의무에서 놓여난 여인들이 계를 모아 단오제 뱃놀이를 출발시켰다. 정해 둔 목적지 없이 썰물에 밀려나고 밀물에 돌아오며 하루를 보내었다.

'가족, 집, 일터'는 세파에 떠내려가지 않도록 지탱해 주는 배 맷돌이면서 때론 손발을 묶는 닻이 되곤 한다. 사노라면 때때로 중요한 것들과의 거리 두기도 필요하다. 젖먹이를 어깨띠에 매단 채 화장실 가고, 세수하고, 후다닥 밥 한술 뜨는 아기 엄마에게서 서너 시간이라도 아이를 떼어주면 깊은 잠을 잔 후 기력을 회복한다. 집안 대소사에 종종거리면서도 타박받던 부인들은 남편 없는 자리에서 이심전심으로 서로를 위로한다. 사람들은 쉴 때 '자다, 부르다, 추다, 풀다, 먹다'라며 동사를 쓴다. 휴식은 가만히 있다고 주어지지 않으니 애써 구하라는 뜻일 게다. 쫓기는 시간을 일부러 쪼개고, 서두르는 마음을 느린 쪽으로 기울여야 쉼이 가능해진다. 여행이라도 떠나면 좋으나 촘촘히 짜인 생활에서 나서는 일 자체가 쉽지 않다. 삶터를 떠날 수 없을 때, 강과 바다를 낀 고을에서 찾아낸 최상의 나들이가 뱃놀이지 않을까. 두 발 딛고 있는 땅에서 한순간 빠져나오는 행위는 하늘을 나는 스카이다이빙처럼 자유를 선물할 터이다.

세월은 어미와 일꾼에서 한발 비켜서게 했다. 등은 가벼워졌으나 북적이던 집안은 고요해지고, 뼛속에 바람 들듯 일과에 구멍이 숭숭 뚫린다. 비어 가는 삶인지 비워 내는 생인지 헷갈리는 하루하루를 보낸다. 하지만 오늘은 주인공이다. 보존회 회원들은 여러 날 동안 노래와 춤 연습을 하였다. 제트스키로 물 표면을 미끄러지듯 가르는 여대생이나 바나나보트에서 물 위로 솟구치며 환호 지르는 젊은 여인이 뱃놀이의 느긋한 맛을 어찌 내겠는가. 육신은 사그라들지만 가까운 이를 떠나보내 피눈물도 흘려 보고, 모진 풍파에 온몸이 휘청이면서도 미운 정 고운 정 삭여낸 이들이야말로 진한 정취를 풍길 것이다.

물결에 밀려다니며 유랑하는 것이 마냥 한가롭기만 할까. 타이타닉호는 암초에 부딪혀 침몰하였고, 양쯔강 여객선은 회오리바람에 뒤집혔다. 단단하게 잡아주는 기둥이 없으니 위태롭다. 그녀들은 알 것이다. 생이란 때때로 삶을 숙고하게 만든다는 것을. 삶이 던지는 질문을 털어내려 사는 곳을 나서더라도 답답함은 여전하다는 것을. 산꼭대기에 오르든 바닷가에 서든 마음먹기에 달렸으며, 해답은 머무는 곳에서 찾아야 한다는 것도. 쉼은 빈둥거림과는 다르다. 일상의 쳇바퀴를 멈추면 생각할 시간이 생긴다. 문제를 한 발짝 떨어져 바라보면 새로운 아이디어를 길어 올릴 수 있다. 낭만으로 동경했던 선유船遊는 숨 고르기 위한 선인들의 지혜였다.

안전이라는 닻이 막아선다. 바람이 인다며 해양경찰청에서 운행 허가를 내주지 않는다. 나들이 준비 마친 배가 여전히 말뚝에 묶여 있다. 나이 든 여인들이 아무 일 아니라는 듯 수건을 툭툭 털고 일어선다. 한평생 이리 속고 저리 치이며 살아온 연륜이 움직인다. 뱃놀이가 시작된다. 악공들이 한바탕 흥을 돋우고 뒤이어 밴드가 귀에 익은 유행가를 연주한다. 연습한 대로 상을 펼치고, 음식을 담고, 잔에 술을 채운다. 배 안팎 관광객에게도 과일과 떡을 나눈다. 바닷물이 불어 띄우지도 못한 배가 바람 따라 일렁인다. 육지에서 멀리 못 띄워도 모인 이들과 더불어 이 순간을 즐기면 그만이다. 부풀어 올랐던 기대가 빠져나가는데 마음이 허수하지 않다. 입안에서 흥얼흥얼 노랫가락이 새어 나온다. 거룻배도 덩실거리는 법성포구다.

《수필세계》 2025, 봄호

선유船遊

법성포 용왕제

한성마을 음화陰畵

마을에 들어서

직선은 인간의 힘이다. 자연의 기호보다 사람의 문자에 가깝다. 차별 없는 세상을 꿈꾸는 이들에게 어울린다. 상사리 한성마을에 들어서면 자를 대고 그은 듯한 선들이 반긴다. 에도는 물길 따라 자리하고 구불텅한 산자락을 끼고 깃든 시골 촌락에선 좀체 만나기 어려운 직선이다. 내비게이션 화면으로 보면 좌우 선의 조합이 낮은 층의 아파트를 눕혀 놓은 형상이다. 바둑판에 바둑알이 모이듯 아담하고 말끔한 사각마다 집들이 알알이 들어 있다.

흔한 전설은 없으나 특별한 유래를 지녔다. 1961년, 정부의 수도권 인구분산정책으로 삶터를 옮겨 왔다. 대다수가 서울에서 이주했기에 마을 이름을 '한성漢城'이라 불렀다. 거친 간척지에 급조된 집들이 세워졌다. 원래 바다의 영역이었던 곳이라 매운 모래

바람은 습관적으로 기웃대었고, 바닷물은 무시로 수문을 넘나들었다. 깊숙이 배어 있는 염기 때문에 풀 한 포기 자라지도 들꽃 한 송이 피어나지도 못했다. 텅 빈 벌판에 자갈 무더기를 부려 놓은 듯 처음 만난 이웃끼리 서먹했고 풀기 없이 겉돌았다. 오직 농사지을 땅이 생기고 가족의 다리를 펼 집이 해결된다는 희망으로 척박한 지역에 저마다의 시간을 내맡겼다.

백수읍 상사리 한성마을

교회를 돌아

정씨 어머니는 요즘 부쩍 눈물바람이다. 환갑을 바라보는 큰딸이 허리가 아파 거동하기 불편하다는 소식을 듣고부터다. 명절에도 다녀가지 못하는 딸에게 미안했던 기억이 새록새록 사무친다. 법무사 아들이 한집에서 정성껏 모셔도 한의사 딸이 용돈을 듬뿍 드려도 부모 마음 안에는 자식들에게 못해 줬던 일들만 새겨두나 보다.

정씨 가족은 초등학교 2학년 때 한성마을로 이사했다. 너도나도 간척지를 일구던 시기라 일손 하나 보태는 일이 시급했다. 뽑아도 뽑아도 끝없이 뒤덮던 염생식물들 때문이다. 간척지에서 농작물을 키우려면 염분 빼내는 과정이 필수다. 민물을 주기적으로 넣어 땅에 섞인 염기를 우려내야 한다. 제거 기간도 만만치 않아서 한두 해로는 어림도 없다. 흙이 메워지기 전에는 바다였고 갯벌이었다. 퉁퉁마디, 갯질경이, 칠면초가 군락을 이루며 살던 곳이다. 그들 입장에서 보면 하루아침에 터전을 빼앗긴 격이니, 부지런히 씨앗을 퍼트리고 쉼 없이 싹을 틔우려는 시도가 어쩌면 당연한 일이었다. 초창기 간척지는 식물과 인간이 생존을 두고 사투 벌이는 전쟁터였다.

젖먹이를 품은 여인이라고 마냥 손을 놀릴 순 없었다. 발이

대파 모종

푹푹 빠지는 논바닥에 쪼그리고 앉아 풀을 뽑노라면 젖무덤이 불었다. 아기에게 먹여야 할 젖이 옷섶을 적시고, 배고픔에 보챌 자식이 눈앞에 아른거려도 선뜻 집으로 달려가지 못했다. 칭얼거리는 아기를 그보다 조금 더 큰 아이가 업고 오고서야 논둑에 걸터앉을 수 있었다. 쪼그마한 등에 동생들을 업고 들길 다니는 큰딸을 대할 때마다 가는 허리가 오죽 짓눌렸을까 싶어 가슴이 아려도 내색하지 못했다. 당신 또한 산후조리를 제대로 했겠으며 곡기는 때맞춰 챙겼겠는가. 장시간 오그린 자세는 둔부 종기를 불러와 한동안 고생하였다. 농부에게 땅은 기댈 언덕이었다. 간척지가 옥토로 바뀌는 시간을 버텨야 했다. 곡식을 심고 거두어야 가족들의 배를 불릴 수 있을 테니까.

　삶은 무남독녀로 귀하게 자란 여자를 억척스러운 어머니로 변화시켰다. 여린 성품을 지닌 정씨 아버지는 친인척이나 조카들이 손을 내밀면 외면하지 못했다. 누가 어렵다고 사정하면 가진 것을 내주었다. 그녀는 호인 소리 듣는 남편 대신에 모질어야 했고 악착스럽게 굴었다. 남편이 자식들에게 매 한 번 들지 않을 때도 행여 나약해질까 봐 경계하였다. 살아내기 위해 가정을 지켜내려면 그럴 수밖에 없었다. 그럼에도 빌려준 돈은 떼이기 일쑤였고, 빌린 돈은 갚아야 했다. 보이지 않는 어두운 그림자가 따라다니는 듯했다. 살림은 점점 바닥을 드러냈다. 눈물과 땀으로 일군 재산은 손아귀에서 모래 빠져나가듯 사라져 갔다.

　정씨 어머니는 교회에 의지해 버렸다. 병든 자식이 낫기를 기도했고, 꿈을 찾아 공부하겠다는 아들을 위해 두 손을 모았다. 기다림은 당신 삶의 방식이었다. 무뚝뚝하다거나 인색하다는 평을 들어도 자식을 위해서라면 당신의 위신 따윈 내던지셨다. 정씨는 마음 표현이 서툰 어머니와 부딪칠 때마다 당신의 올곧음 안에 숨어 있는 순박함을 알기에 언제나 먼저 고개를 숙인다. 정씨가 중학교 입학 후, 가족은 집과 논밭을 팔아 빚을 정리하고 한성마을을 떠났다.

문구점을 지나

강씨네가 한성마을로 이사 올 무렵은 주민이 늘어 제법 큰 동리를 이뤘고 골목마다 북적였다. 사람이 모이니 자연스레 상점도 하나둘 생겨났다. 이발소가 불을 밝히고, 구멍가게에 식료품이며 공산품이 골고루 채워졌다. 학생 수가 늘어나니 학용품을 살 곳도 필요해졌다. 요즘처럼 준비물을 학교에서 나눠주는 시대가 아니었으므로 문구점은 등교 전에 들러야 할 참새방앗간이었다. 굳이 살 물건이 없어도 그냥 지나치지 못해 들어서면 색색의 구슬이나 책받침이 마음을 부추겼고, 조악한 장난감이지만 만져 보는 것만으로도 오감을 자극했다. 한성마을 문구점은 강씨 어머니가 지켰다. 백수남초등학교 정문을 나서면 바로 보이는 위치였다.

고모네가 먼저 와 살다가 강씨 가족도 불러들였다. 강씨 어머니는 무학이다. 옛사람들은 출세하려면 공부해야 한다며 아들의 등을 떠밀면서도, 딸은 시집만 잘 가면 된다며 배움을 막았다. 수많은 딸들은 여자라는 이유로 학교 문턱을 넘지 못했고, 오빠나 남동생이 가방 메고 등교하는 모습을 숨어서 지켜보았다. 막는다고 의지조차 꺾겠는가. 그녀는 배우기를 좋아했다. 무엇이든 눈썰미 있고 호기심이 남달라 혼자서 한글을 깨쳤고, 덧셈과 뺄셈까지 익혔다. 하지만 장사는 아무나 하나. 자신에게 엄하고 남에게는 악하게 할 줄 모르는 마음씨는 문구점을 운영하면서 손해 보는 경우가 허다했다.

강씨 어머니는 어렵게 외아들을 얻었다. 배움의 기회는 아무래도 시골보다는 도시에 집중되어 있다. 공장에 다니든 파출부를 하든 뒷받침하겠다며 아들이 도시 학교에 다니길 원하였다. 누구보다 배움에 열정적인 분이었고 맹모삼천지교의 현신이었다. 강씨는 자신이 파일럿이 되어 나라의 영공을 지킬 수 있었던 것도 순전히 어머니의 희생 덕분이라 여긴다. 배움을 좋아한다는 것은 아는 것을 실천한다는 것이다. 광주에 있는 고등학교로 강씨의 진학이 결정되자, 그녀는 손에 쥔 것이 없어도 과감하게 한성마을을 나섰다.

백수남초등학교(폐교)

대파밭 둑길 따라

규씨가 어머니의 편지를 받고 싱글벙글거린다. 몇 달 동안 공들여 키운 대파가 주인을 찾아갔다며, 받은 돈으로 아들 겉옷을 사주겠다는 내용이다. 한성마을은 대파밭이 에워싸고 있다. 바람이 불 때마다 초록빛이 너울거린다. 마치 부정한 것들의 침입을 막기 위해 둘러싼 해자垓子의 물결 같다. 고랑에서 밭을 매는 농부는 눌러쓴 모자만 보이고, 놀란 꿩은 꽁지를 훤히 드러내 놓고 대가리만 숨긴다. 흙 한 줌을 떠보면 끈적한 황토와 다르게 손에 묻지 않으며, 촉감은 밀가루처럼 매끄럽다. 쥐고 있으면 부슬부슬 새어 나갈 정도로 가는 모래흙은 물 빠짐이 좋아 대파나 땅콩을 키우기에 적합하다. 오십 대에 제법 규모 있는 공장을 운영하는 규씨지만, 노모의 편지는 도시 삶에 찌든 감성을 자극해 갓 구운 식빵처럼 말랑거리게 한다.

한마을에 산다고 생활 수준이 모두 비슷한 것은 아니다. 규씨는 한성마을에서 태어났다. 작은 방 하나뿐인 셋집이었다. 사남매와 부모는 까치집처럼 좁은 공간에서 복닥거렸다. 농촌에서 삽질할 땅 한 떼기 없는 살림은 쌀독이 비는 날도 부지기수였다. 염분이 미처 빠지지 않은 논을 얻어 보리도 심어 보고, 남의 집 허드렛일은 도맡아 다녔다. 몸으로 할 수 있는 일은 뭐든지 해나갔다. 그러나 세월이 흘러도 형편이 펴지지 않자 규씨 어머니는 남편을 붙들고 하소연을 쏟았다. 그제야 그동안 윗대에서 물려준 빚을 수년 동안 갚아 나가고 있었노라는 고백이 돌아왔다. 하늘이 무너지는 배신이었다. 꽤 넉넉한 친정에서 자란 규씨 어머니는 더는 못살겠노라 보따리를 쌌으나, 눈망울 초롱초롱한 자식들을 두고 떠날 수가 없었다. 인생은 굽이굽이 골짜기 돌아 태산 하나 넘으니 거대한 강이 다시 가로막았다. 빚을 줄여 나가며 살림이 좀 나아지나 싶었는데 덜컥 규씨 아버지가 몸져누웠다. 시간은 속절없이 흐르며 젊음을 갉아먹었다. 오랫동안 병석에 있던 남편을 먼 곳으로 떠나보내고서야 그녀에게 평온한 일상이 찾아왔다.

노을 영광

규씨는 집안의 짐을 덜고자 일찍 사회에 발을 디뎠다. 밑바닥부터 기술을 배워 갈고닦았다. 밤잠을 줄이며 쇠를 깎았고, 아무리 작은 일이라도 약속을 지켰다. 어머니에게서 배운 신의를 가슴에 새겨 처신했다. 어느덧 연구소 박사들에게 기계 부품 장인이라는 칭호를 듣는다. 규씨가 자리 잡기까지 어머니와 주고받는 편지가 한몫했다. 객지 생활을 버티게 한 힘이었고, 다른 곳으로 눈 돌릴 수 없도록 잡아주는 장승이었다. 규씨네는 번듯한 집을 지어 한성마을 옆 동네로 이거移去했다.

벽돌담 골목을 걷다 보면

근래에는 여느 농촌처럼 한성마을도 이순耳順을 넘긴 이들이 대부분이다. 골목에는 아이들 소리가 멎은 지 오래고, 유모차 미는 어르신이나 전동스쿠터가 가끔 돌아다닌다. 노인정에선 웃음소리가 들리지만, 마을 앞 초등학교는 폐교되어 빈 건물만 덩그러니 놓였다. 바람도 뒤꿈치 들고 다니는지 하루 종일 마을이 고요하다. 양순 씨네 세 아들이라도 없었더라면 그야말로 마을의 대가 끊길 뻔했다.

양순 씨는 결혼 후 영광 읍내에 살다가 시댁이 있는 한성마을로 들어왔다. 사십 대라 마을의 젊은 피에 속한다. 성격이 밝아 어른들에게 싹싹하니 말도 잘 붙이고 인사성이 발라 이쁨을 독차지한다. 시어른 모시며 남편과 함께 대파 농사를 짓고 아들들 키우느라 몸과 마음이 늘 동동거린다. 일상의 삶에 더하여 요가 강사로 뛰고, 4H 연합회 활동에 참여하며 '낭만농부'라는 닉네임으로 SNS에서 농산물 직거래와 이차 가공품 판매도 주도하려니 몸이 두 개라도 모자랄 판이다.

    양순 씨 시어머니는 며느리를 보면 애통터진다. 양순 씨가 읍내에서 곱게 자라서인지 성격이 느긋해서인지, 거센 바닷바람에 맞서온 당신과 생활의 결이 다르다. 밥상을 차리면 쫓기듯 살아온 습성대로 후다닥 밥술을 뜨고 일어서는데, 양순 씨는 반찬을 골고루 꼭꼭 씹어먹느라 식사 속도가 느리다. 또 해 뜨기 전에 나가 논밭을 둘러보고 돌아오면, 아침잠 많은 며느리는 여전히 잠자리에서 미적댄다. 대파밭에 풀이 우거져 제초 작업부터 처리했으면 하는 조바심이 나지만, 아들 며느리는 바깥일이 생기면 만사 제쳐두고 외출을 나선다. 심정이 언짢아 노인정에서 흉이라도 볼라치면 "암말 말어. 요즘 세상에 누가 시어머니 모시고 산당가."라며 오히려 타박을 받는다.

    양순 씨의 시집 적응기는 애정 쟁탈전이었다. 시어머니께서는 딸 여섯을 내리 낳고 아들을 겨우 얻었다. 아들에 대한 편애가

남다를 수밖에 없다. 뭐든지 '우리 아들이 더 잘한다'며 추켜세웠다. 마음이 한쪽으로 치우치면 다른 쪽에선 배려가 부족하다며 서운해진다. 자칫 갈등으로 이어져 감정의 골을 깊게 판다. 칠 남매의 외며느리 역할을 소화하며 시어른에게 인정받으려니 소소한 마음고생도 겪었다.

    한집에서 오래 부대끼다 보면 모난 쪽은 깎이고 부족한 면은 채워지기 마련이다. 시어머니는 젊었을 때를 돌아보며 며느리의 처지를 이해하려고 한 발짝 물러선다. 양순 씨도 간척지 마을에서 버텨내야 했던 시어머니의 삶을 어렴풋하게나마 공감하려 애쓴다. 고부는 아들을 키워내는 엄마라는 동지애를 쌓는다. 시간이 흐를수록 서로 의지하고 없어서는 안 될 관계가 되어 간다. 애증 섞인 연대가 가족으로 묶인다.

마을 지킴이를 만나다

　모정은 딱히 정호亭號가 없다. 농군들의 휴식처이자 어르신들의 피서지다. 마을 중심에 있기에 사람들이 모여 회의도 하고 음식을 들고 와 나눈다. 한 사람이 쉬고 있으면 오다가다 올라와 농사일이며 일상을 공유한다. 잡담을 흝고 소문이 난무하며 음담패설도 끼어든다.

　한성마을에는 모정을 기준으로 골목이 갈래지었다. 회전교 차로를 하늘에서 본다면 네모 틀에 동그란 구멍 뚫린 것처럼 보인다. 마을의 숨구멍이다. 정자 귀퉁이마다 사방을 지키는 수호신인 양 플라타너스가 서 있다. 수형이 꼿꼿하지도 우람하지도 않다. 군데군데 껍질이 벗겨져 하얀 얼룩이 졌다. 아이들 얼굴에 버짐 핀 듯하다고 우리나라에서는 버즘나무로 불린다. 메마른 토양에서도 잘 자라며 추위에도 강하다. 속성수이기에 한때는 도시의 가로수로도 인기가 높았다. 한성마을 사람들도 황량한 간척지에 푸른빛이 빨리 드리우길 원해 심었을 것이다. 무엇보다 단단하게 뿌리내려 나날이 잎이 넓어지는 나무처럼 이주해 온 이들도 더 이상 세상사에 떠밀려 다니지 않고 정착하길 바랐을지도 모른다.

　개인의 삶이 곧 공동체의 역사다. 이름을 드러내었든 범인으로 살았든 한 사람 한 사람의 발자취가 이어져 역사의 궤적을 긋는다. 플라타너스는 껍질을 떼어내 키를 키우는 동안 한성마을과 영화를 같이했다. 어른 손바닥만 한 잎을 흔들어 들어오는 사람들을 반겼고, 열매를 눈물처럼 떨구어 떠나는 이들을 배웅했다. 하지만, 마을도 만물의 생장소멸生長消滅 이치는 벗어날 수 없나 보다. 갈수록 사람 없는 집이 늘어 간다. 언제까지 누군가의 그늘이 되어줄 수 있으려는지. 발길 드문 마을 입구에 자꾸 눈길이 머문다.

백수읍 한성마을 모정

향화도항

 향화도항이 소란하다. 줄지어 선 깃발들이 금방이라도 찢어질 듯 세차게 나부낀다. 풍랑주의보가 내려졌다. 미처 날씨 예보를 챙기지 못하고 여객선 출발 시간에 맞춰 온 이들이 수런거린다. 되돌아 나가는 자동차 엔진 소리는 기운이 빠지고, 손님 없는 하루를 보낼 상인들은 한숨을 내쉰다. 계획은 틀어졌고 나아갈 길은 막혔다. 상황이 엉클어져 머릿속이 복잡할 땐, 그 안에서 허우적대기보다 밖에서 사태를 점검해 보는 것도 괜찮다.
 매표소 건물인 칠산타워 전망대로 오른다. 위로 갈수록 복닥대는 세상에서 멀어진다. 유리로 둘러싸인 성이다. 실망과 허탈함으로 가득했던 시간이 다르게 흐른다. 뒤따르던 바람은 따돌렸고 고여 있던 공기는 적요하다. 허둥대던 감정이 가라앉자 사방을 살필 여유도 생긴다. 생은 멀리서 보면 희극이라 했다. 할퀼 듯 달려들던 파도는 경계가 뭉개져 푸른 화판처럼 미끈하다. 바람에 발이 묶인 배들이 수놓듯 평화로운 광경을 연출한다. 바다를 가로지르는 칠산대교의 쭉 뻗은 자태와 반듯하게 구획된 논들이 마음속 혼란을 정돈시킨다. 발밑에 두고 온 시름을 잠시 잊는다.

누가 작은 땅 끄트머리에 높다란 전망대를 세울 생각을 했을까. 바닷길이 막혀 떠나보지 못한 이의 원풀이인가. 칠산섬에 시원을 둔 이가 고향 하늘을 지척에서 보고자 했던 상상물인가. 잠 못 이루게 했던 고민도 산 정상에 올라 아래를 굽어보면 티끌처럼 가볍게 느껴지는 마법을 경험하고자 했는가. 전망대를 한 바퀴 도는 동안 구겨지고 겹쳤던 마음 주름이 무논에 물써레가 지나가듯 펴지는 것 같다. 이 맛에 사람들은 높은 곳으로 오르기를 갈망하는지도 모른다.

근래는 사진사들 사이에 드론 카메라 촬영이 늘고 있다. 광활한 경치가 한눈에 들어오는 작품은 각종 사진 공모전에서 우수한 성적도 받는다. 항공 사진을 마주하면 눈이 시원해지고 가슴이 훤하게 뚫린다며 선호하기도 한다. 하지만 먼 거리에서 찍은 풍경은 그림처럼 아름다워도 세밀하게 드러나진 않는다. 보기엔 좋으나 말을 걸기에는 너무 멀다. 사진 강좌에서는 사진사가 피사체에 바짝 다가설수록 많은 이야기를 담는다며 사람 냄새나는 장면을 찍으려면 한 발짝 더 들어가라고 가르친다. 닳아 없어져 들쭉날쭉한 손톱에는 고단했던 세월이 들어 있고, 병사의 검게 그을린 이마에 맺힌 땀방울은 보는 이를 울컥하게 한다. 글 선생님은 철학적 단어보다 그 의미가 철학적인 문장을 사용하라고 이른다. 야생 사과를 베어 물었을 때처럼 글맛이 선명해야 독자에게 와닿는다. 삶과 멀어진 단어일수록 관념적이고 난해하고 어렵다. '자세히 봐야 이쁘다'라는 시구詩句에는 자세히 보려면 가까이 다가서라는 시인의 말이 숨어 있지 싶다.

전망대에서 내려선다. 가까이 다가간다는 것은 변화무쌍한 날씨를 받아들이는 일이다. 예기치 못한 바람이 일어 앞길을 막아도, 말간 얼굴에 소금기가 끈적끈적 달라붙어도, 기꺼이 두 발을 땅에 딛는다. 다음을 기약하며 향화도항을 나선다.

노을 영광

칠산대교와 칠산타워

5부

삶

영광백수중학교 18회 졸업생들

바다에 바닷물이 없네

"바다에 바닷물이 없네."

무심코 입에서 흘러나왔다. 커튼을 젖히니 바닥을 드러낸 갯벌이 훅 안겨 왔다. 말을 배우기 전부터 지켜봐 온 고향 바다다. 바닷물이 드나드는 것은 식탁에서 밥숟가락 드는 일만큼이나 익숙하다. 자연스럽게 말이 튀었을 때 "왜요? 왜 바다에 물이 없어요?"라는 목청 높인 물음이 뒤통수를 친다. 순간, 머릿속이 번쩍 밝아진다.

'왜'라는 반응을 곱씹어 본다. 그녀가 나고 자란 동녘 바다에도 하루 중 해수면이 가장 높을 때와 낮을 때는 있다. 하지만 물가를 살피지 않으면 조수간만의 차를 잊기 십상이다. 사시사철 바닷물이 넘실대고 파도가 모래를 쓸어내리는 백사장이 더 친근할 테다. 썰물과 밀물에 대해 배웠고 영상으로 봐 왔으나 경험하지 않은 지식이었으리라. 잠이 깨자마자 맞닥뜨린 상황에 혼란스러웠겠지. 그녀는 '왜?'라는 물음으로 칠산 갯벌을 알아 갈 것이다.

나는 궁금해 하지 않았다. 갯벌 초입은 발목까지 빠지는 진흙이지만 안으로 들어가면 단단한 모래톱을 만날 수 있는지를. 물기 어린 모래구멍을 호미로 파면 동죽조개며 백합 조개가 숨어 있다는 것도. 묻지 않아도 알았다. 바닷가 사람들의 소주잔 부딪치는 시간이 물때 따라 다르며, 밀물 때면 어부의 분주한 몸짓에 흥이 오르고 해안가 횟집에서 막 썰어 나오는 숭어회는 선홍빛으로 빛난다는 것을.

'친숙한 사물엔 주목하지 않는다'라는 말이 있다. 아주 일상적이고 당연하게 받아들이면 관심 밖으로 밀려난다는 뜻일 게다. 낱낱이 뜯어보거나 자세히 살피지 않게 되니까. 과연 내 의식은 얼마나 무뎌져 있을까. 글쓰기를 시작하며 '낯설게'라는 용어를 자주 접한다. 이론서들은 낯설게 해석하고 낯설게 표현하란다. 문학은 없던 것을 새롭게 만드는 것이 아니라 무심히 지나쳤던 주변의 작고 하찮은 것에서도 의미를 찾고 당연하지 않음을 보여줘야 한다. 낯설게 보려면 질문이 필요할 것이나, 습관이 된 삶에서 호기심을 일으키기란 쉽지 않다.

선배 예술가들은 낯설게 보기 훈련으로 시 읽기부터 권한다. 시인이란 다람쥐 쳇바퀴 돌아가듯 되풀이되는 일상에 거리를 두고자 노력하는 존재들이니까. 오일장이 열리기만 손꼽던 시절에는 고무대야를 머리에 인 생선 장수들이 동네마다 돌아다녔다. 갯가 여인들은 배 들어오는 시간 맞춰 항구로 모여들었고, 펄떡이는 고기를 받아 안았다. 친구 어머니도 그중 한 사람이었다. 하루에도 수십 리의 발품을 팔았다.

> 갯골로 스미는 갯물은 무한한 밥이었다가
> 그래서 웃음이었다가 때때로
> 빈손으로 돌아오는 허망한 걸음이어도
> 고물고물 피어나는 설렘이었다. 어머니의
> 아주 나중에 그 바다 갯골에 고인 눈물이
> 갯골로 빠져나간 한숨이 어머니의 것이란 걸 알았을 때
> - 박경숙의 「칠산바다」 부분

시인은 땅 밑으로 꺼지는 어머니의 한숨 소리를 들으며 칠산바다를 오죽이나 오래 바라보았을까. 뇌리에 박혔던 만근의 무게를 시어詩語로 부려 놓았다. 어머니를 기다리느라 바다를 뚫어지게 보고 꼼꼼히 읽으며 어머니의 고단함을 끌어안았겠지. 바다의 밥을 먹고 이만큼 자랐다는 시인의 이해가 빈집을 지키며 가졌던 내 유년의 불안까지 다독인다.

어떤 사진은 늘 접하는 사물에 대해 보이는 대로만 보거나

보고 싶은 부문만 보고 있지 않은지 질문을 던진다. 친숙한 세상을 다르게 표현하려 시도한 사진가의 노력일 것이다. 동창인 정상윤은 사진작가다. '창'을 주제로 한 그의 사진전을 본 적이 있다. 그의 작품들은 아름다움 너머 보는 이의 상상력을 자극한다. 석양을 오메가 형태로 잡아 떠나는 뒷모습이란 어때야 하는지 물음표를 던지고, 미명 속으로 향하는 어선을 화면에 담아 잠을 떨친 어부에게 바다는 얼마나 보답해 주려는지 기대도 걸게 한다. 해식동굴은 햇빛과 바람과 파도의 합작품이다. 작가는 동굴 뒤쪽에서 풍화된 바위 곡선을 그려서 보이지 않는 시간의 힘까지 보여준다. 그의 사진은 '낯설게'를 형상화한다.

의미 있는 물음은 변화를 일으킨다. 낯선 생의 궤도를 선택한 이가 떠오른다. 말수가 적은 아이였다. 초등학교 교실에서 있는 듯 없는 듯 지냈다. 어른이 된 후에도 모임 뒷줄에 있다가 필요한 곳이 있으면 가만히 다가가 손 내밀어주는 사람이다. 동문회 행사에서 말쑥한 차림으로 마이크를 잡더니 선후배 앞으로 당당히 나섰다. 넥타이와 맞춘 포켓스퀘어를 꽂아 멋까지 부렸다. 자신의 신곡이라며 〈천생연분〉을 열창하는 모습에 입이 저절로 벌어졌다. 뜻밖의 재능이었다. 심혈을 기울이던 사업이 바닥으로 내려갔고, 설상가상으로 암 투병 중이라는 이야기를 안타깝게 듣던 차였다. 세상에 발맞추느라 밤잠을 설쳤을 테고 부대낀 몸은 무너졌으리라. 기약 없는 병상에 누워 긴 질문지를 풀지 않았을까. 더 늦기 전에 꿈 쪽으로 가보리라 마음이 쏠렸나 보다. 가수는 기존의 상투성에서 벗어나 남다른 시선으로 해석한 음계를 악보에 세우는 이들이다. 굳어진 기질에 도전하는 양현 가수의 결연한 목소리에 귀가 더 솔깃해진다. 문제를 바꾸었으니 답을 구하는 방향도 달라질 것이다.

다시 한 번 칠산바다를 여행자의 눈길로 바라본다. 갯바닥이 해독하기 어려운 작품으로 다가선다. 추상화처럼 갯골이 얽히고 설켰다. 파도가 깎는 바위 조각품은 미완성작이다. 바다는 자신을 가장 적절하게 표현할 주제와 형식과 색감을 궁리 또 궁리했을 터인데, 유연하지 않은 내 뇌는 작품명을 추측할 수가 없다. 마음을 모으고 더욱 들여다본다면 웅숭 깊은 바다의 의도를 조금이나마 알아챌 수 있으려나.

고뇌 끝에 내놓았을 작품을 잿빛 물숨이 야금야금 뭉갠다. 물살은 지우면서 어제와는 다른 질문을 바다에게 던질 것이다. 낯선 물음이 곧 새로운 움직임의 시작일 테니까.

백수해안도로 해식동굴

소리자루

나지막한 아우성이 밀려온다. 바람몰이하는 파도 행렬이 수런거린다. 멀리에선 아득하고 가까워지면 분주하다. 아가리 벌렸던 갯골이 너울을 마시며 소리를 삼킨다. 자동차 소음마저 비껴가는 바닷가가 고즈넉하다. 숨어든 소리를 찾아 칠산갯길 제2코스 노을길을 걷는다.

등에 카키색 백이 매달렸다. 책 두어 권 넣을 수 있을 크기지만 비어 있는 듯 홀쭉하다. 여행길이나 산책로를 걸을 때, 그가 가는 곳에는 여지없이 혹등고래의 혹처럼 붙어다닌다. 그와의 사이가 떨어지면 어디선가 벌들이 윙윙거리는 소리 같기도 하고 소울음을 닮은 것처럼 애잔한 음색이 가냘프게 들린다. 곁으로 다가서면 그제야 용만 씨 가방 안에서 노랫가락이 흘러나오는 줄 안다.

김진숙이 〈소금꽃〉 편지를 쓰는 동안, 백자의 〈담쟁이〉가 벽을 오르고 마씨다밴드의 〈돌멩이〉가 꿈 찾아 길 떠난다. 강산에의 힘찬 연어들은 '거꾸로 강을 거슬러' 회귀하고, 조용필의 〈허공〉에 전영록이 〈종이학〉으로 소식을 전하면, 용만 씨의 가수 동생 강가수가 〈고맙소〉라며 답례한다. 장윤정은 〈초혼〉으로 가슴을 후벼 파고, 이승철은 〈네버엔딩스토리〉로 이별을 말한다. 이문세의 〈알 수 없는 인생〉이 아름답고, 이상은의 〈삶은 여행〉이니까 함께 걷는다. 어린 정동원이 생의 〈여백〉을 노래하면, 윤도현은 〈나는 나비〉라며 희망을 들려준다. 김연숙의 〈목로주점〉 친구들과 나훈아가 〈딱 한 번 인생〉을 즐겁게 살잔다. 노사연의 〈바램〉을 따라 부르다 보면 어느새 둘레길을 한 바퀴 돌고 있다.

처음에 나는 약 가방인 줄 알았다. 그가 평소 관리해야 할 지병이 있기에 위급할 때 먹을 수 있는 약이나 물이 들어 있을 거라 짐작했었다. 그러나 내 생각이 틀렸다는 것을 나중에 깨달았다. 등에 붙어다니는 백은 단순한 가방이 아니라 같이 걷는 이들에게 들려주려고 성능 좋은 스피커가 담겨 있는 소리자루였다. 요즘은 스마트폰을 통해 언제 어디서나 쉽게 들을 수 있는 노래라지만, 듬직한 등에서 흐르는 음악은 그의 따스한 성품처럼 특별한 온기가 묻어난다.

자루는 물건을 담을 수 있도록 만든 커다란 주머니를 말하지만, 톱자루나 낫자루처럼 연장이나 기구에서 손에 쥐는 손잡이를 일컫기도 한다. 용만 씨는 어려서부터 세상에 필요한 자루 같은 사람이 되고 싶었다. 군인이 되어 나라를 지키리라 마음먹었으나 시력 장애가 더 이상 꿈꾸지 못하게 했다. 사관학교를 포기한 후 시민의 지팡이인 경찰대에 도전했지만 똑같은 이유로 좌절되었다. 세상의 쓸모를 찾지 못한 채 자포자기했고, 공부를 놓는 시기도 있었다.

취업을 준비할 무렵, 하루아침에 성수대교가 사라졌으며, 청천벽력처럼 삼풍백화점이 무너져 내렸고, 대구지하철공사장에서 무고한 사람들이 다쳤다. 그는 일련의 사건을 보면서 직접 현장에서 뛰지는 못하지만 어딘가에 쓰임이 있는 손잡이는 될 수 있을 거라는 생각이 들었다. 일말의 주저함 없이 건설회사에 지원했다. 어쩔 수 없이 따라야 하는 결정은 금세 싫증을 내거나 중단하게 되지만, 스스로 선택한 일이기에 힘든 직장 생활도 기꺼이 받아들였다. 새벽 다섯 시에 시작하는 일과는 삼십 년 넘게 이어졌다. 인부들과 함께하는 망치질 소리와 각종 기계가 웅성거리는 화음을 그 어떤 선율보다도 좋아한다. 그 소리에는 삶의 진솔함이 배어 있기 때문이다.

소리는 제대로 들어야 귀맛이 산다. 벗들이 모이는 좌석에 가면 언제나 그가 있다. 담소로 시작해 잡담으로 이어지는 소란스러운 대화에서 늘 귀 기울여준다. 세속의 가벼움을 벗어난 듯 입은 무겁다. 자신의 의견을 내세우진 않으나 다수가 결정한 일들은 조용히 실행에 옮긴다. 어디 가나 낱자루 역할을 자청하며 성심성의를 다해 돕는다. 그의 진심은 소리로 표현되지 않고 몸으로 전달된다.

그에게는 지금도 후회되는 과거가 있다. 따르던 후배가 가끔 찾아와 이런저런 고민을 나누다가 돌아가곤 했다. 그러던 어느 날 들르겠다는 연락이 왔으나 선약이 있어 만나지 못했다. 며칠 뒤, 후배는 다시 돌아오지 못할 곳으로 떠났다. '만약 그날 만났더라면 후배가 살 힘을 내지 않았을까'라는 자책이 드는 건 어쩔 수 없다. 그때부터 용만 씨는 자신을 찾는 자리가 있으면 달려가고, 어떤 말도 담아주는 속 깊은 소리자루가 되었다.

자루는 곡식 자루나 모래 자루처럼 넣는 물건에 따라 쓰임이 다르고 불리는 명칭이 바뀐다. 정해진 모양이 있는 것도 아니다. 쌀자루처럼 매끈하기도 하고, 약재를 담으면 올록볼록해진다. 사람이 사적인 공간에 누군가를 들인다는 것은 상대를 온전히 받아들이지 않고는 어렵다. 건설 현장이 전국에 흩어져 있기에 오랫동안 타지 생활 중이다. 비슷한 처지인 동료에게 흔쾌히 자신의 숙소 한 칸을 내어주며 불편함을 감수한다. 가족이 아닌 이상 아무리 친한 사이라도 오랜 시간 방을 나누어 쓴다는 것은 쉽지 않다. 그의 마음자루는 밀가루 포대처럼 미끈하고 겨울 벌판만큼이나 너른가 보다.

5부 삶

그에게 수식어가 따라붙는다. 언제나 마음을 '베푸는' 사람, 속엣말을 '들어주는' 품 넓은 친구, 든든히 자리를 '지키는' 가장이다. 받아들였으면 비워야 공백이 생긴다. 아무리 단단한 흙이라도 숨을 쉬어야 하듯 그에게도 자루 목을 풀어헤칠 시간이 필요하다. 소리자루에 자연의 소리나 편안한 음악이 담겼다. 나직하게 읊조리는 『채근담』 명언들을 자주 듣는다. 들노라면 시끄럽던 밖의 소리는 서서히 잦아들고 청아한 계곡물에 귀를 씻은 듯 정신이 맑아온다. 생이라는 자루에 어떤 가락을 담고 있는지, 그저 하루하루 세상의 소리에 떠밀려가고 있지는 않은지 돌아보곤 한다. 명상의 말들을 새기면 가슴에 뜨거운 자루慈淚가 흘러 감정의 찌꺼기들을 비워준다.

귀를 연다. 허리 굽은 노인이 기대는 전동차 소리, 카페 의자에 앉아 어깨를 기댄 남녀의 두런거림, 정류소로 들어서며 먼저 온 이에게 묻는 안부가 바람처럼 스친다. 그가 노래를 흥얼거린다. 상황에 따라서 부르는 노랫말들이 마음을 대변해 준다. 가사에 실린 선한 천성이 주변을 밝힌다. 고적하게 여겼던 노을길에 삶의 소리가 그득하다. 오늘도 용만 씨는 마르지 않는 소리자루를 짊어지고 우직하게 사람들 곁을 걷는다.

백수해안대로

똑똑

아침 빛이 뙤약볕으로 바뀌는 시간, 경기는 이미 핀 부딪치는 소리로 달아올랐다. 터링 경기가 진행 중이다. 터링은 골목 놀이인 비석치기와 빙판 스포츠인 컬링과 내기 게임 하던 볼링을 합쳐 실내용 운동으로 개발되었다. 세 명씩 짝을 이룬 다섯 팀이다. 머리 밑이 희끗거리거나 손등에 검버섯 돋은 이들이 대다수다.

선수들은 세워진 핀을 동시에 넘어뜨려 높은 점수가 나면 의기양양한 낯빛으로 번쩍 손을 치켜든다. 박수 소리가 실내를 꽉 채운다. 신중하게 민 스톤이 핀에 닿기도 전에 낙마하면 어깨를 늘어뜨리고 입술을 깨물며 물러난다. 지켜보던 이는 등을 토닥이며 독려한다. 순서를 모르고 주춤거리는 뒷사람 옆구리를 툭툭 건드려 나가라는 신호도 몸짓으로 주고받는다. 생소한 경기 규칙을 익히느라 바삐 눈을 굴리다가 뭔가 허전함을 느낀다. 무엇이 빠졌을까. 분명 움직임은 분주한데 떠들썩한 말소리가 들리지 않는다.

중요한 것을 놓쳤나 싶어 주위를 둘러본다. 그제야 벽에 걸린 '농아인 놀이문화교육'이라는 현수막이 눈에 들어온다.

왁자한 소리가 없을 뿐 여느 동네 노인정 모임 같다. 그런데 칠판에 적힌 각 팀의 점수가 고르지 않다. 배운 기간이 짧았거나 연습량 부족이리라. 모두 한 자리 숫자에 김이 빠진 눈치다. 경기에 임하는 몸동작이 점점 작고 느려진다. 슬픔이나 고통이 타자에게 건너갈 수 있을까. 다른 몸을 가진 인간이라 함께 웃어주고 울어주기가 쉽지 않다. 더구나 속내를 모르면 타인의 답답함을 헤아리기 더욱 어렵다. 장애를 가졌다는 이유로 몸을 사려 밖으로 드러내길 꺼렸을 테고 수어로 대화하는 이가 드문 걸 보면 배움의 시간도 녹록지 않았을 터이다. 세상에서 비껴나 살아온 이들이 그저 눈치코치로 어림잡아 경기를 치르려니 점수인들 제대로 나겠는가.

인생길을 걷다 보면 사방이 막혀 막막한 순간이 있다. 오르지도 내려가지도 못한 채 엉거주춤 제자리를 맴돌 때 '여기요, 여기 있어요!'라며 막 손 흔들어주는 이를 만나면 자물쇠 채운 문을 열어줄 열쇠공이 나타난 듯 반가움이 앞선다. 우리 편, 내 편을 얻은 듯 안심이 되고 힘이 생긴다.

똑똑, 칠판 두드리는 소리가 가라앉는 공기를 가른다. 강사인 윤례 씨가 나선다. 마치 다급하게 문을 두드리는 구조대원 같다. 그녀는 손으로 말한다. 축 처진 어깨를 살짝 건드린 후 팔을 일일이 붙잡아 시범을 보인다. 듣지 못하는 줄 알면서도 조곤조곤 입말 설명도 곁들인다. 선수들 곁으로 바짝 다가선 뒷모습에서 따스한 온기가 느껴진다. 마음이 통했는지 하나둘 고개를 끄덕인다. 시범 교육이 끝나자 그녀가 갑자기 지폐 한 장을 꺼내 이마에 붙인다. 가장 잘한 팀에게 주겠노라 상품으로 내건다. 흥미를 끌어내고 싶었나 보다. 순간, 수런수런 눈빛들이 달라진다. 이겨야겠다는 결의인지 스톤을 미는 손놀림이 잽싸진다. 교육장이 들썩이며 활기가 돈다.

 소낙비가 달아오른 땅을 적신다. 기세 좋던 땡볕이 한풀 꺾인다. 빗물 따라 노인복지센터로 이동한다. 비누공예 수업이다. 거동이 불편하거나 홀로 지내는 어르신들이 한자리에 모였다. 불과 얼마 전까지도 논밭을 일구는 일꾼으로 당당했을 테고, 옆집 마실 나서는 발걸음이 나비 날갯짓처럼 가벼웠을 팔다리가 봉사자의 부축을 받거나 휠체어에 얹혀 있다. 낯선 이들이 어색한지 주름 깊게 파인 얼굴에 웃음기가 없다. 좌중을 둘러보던 윤례 씨가 똑똑, 젓가락으로 탁자를 치며 박자를 일으킨다. '해당화 피고 지는 섬마을'에서 출발하여 '찔레꽃 붉게 피는 남쪽 나라 내 고향'을 지나더니 '파랑새 노래하는 청포도 넝쿨 아래로 여쁜 아가씨여 손잡고'가 뒤따른다. 축음기를 틀어놓은 듯 옛 노래가 그녀 입

해인인재개발원 대표

에서 줄줄 흘러나온다. 듣고만 있던 이들이 나직하게 따라 부르더니 어느새 합창으로 이어진다. 굽이굽이 지나온 세월이 노랫가락 타고 넘어간다. 무엇이 두려워 그토록 꽁꽁 마음 문을 닫았던가. 수많은 문 뒤에 숨겨둔 주름들. 트로트 몇 곡이면 입꼬리가 올라가고 덩실덩실 춤사위에 허리가 펴질 것을. 딱딱한 파라핀이 불기운에 녹듯 빗장 걸린 마음 문 틈새가 벌어진다. 그녀의 추임새가 훠이훠이 닫힌 세상을 열어젖힌다.

이재理財에 밝은 사람을 똑똑하다며 부추기는 시대다. 두뇌 회전이 빠르고 아는 것이 많아야 손쉽게 성공하리라 여겨서인지 사람들은 똑똑함을 추앙한다. 그녀가 잘되는 가게를 접고 강사로 나서자 헛똑똑이라며 주변에서 입을 모았다. 건물은 한 층이라도 더 높아야 하고, 자동차는 한 뼘이라도 더 넓어야 인정받는 세상 아닌가. 오갈 곳 없는 어르신들 돌보는 일을 해보고 싶다는 그녀의 꿈은 얼핏 부와 명예에서 멀어져 보였다. 우려의 눈들 사이에서 바닥부터 밟아 나갔다. 알아야 돕는다며 밤마다 학업에 매달렸고, 약자 편에 서기 위한 자격증도 수십 개 취득했다. 남편을 먼저 떠나보내던 날도, 아이의 병명을 듣던 순간도, 꿋꿋하게 눈물을 삼키며 발을 옮겼다.

천성이 남을 위하는 심성을 지녔을까. '평생 행복해지고 싶다면 누군가를 도와주라'는 격언을 따른다. 학생들이 오가는 건널목을 지키느라 아침잠을 줄인다. 이주 여성들 자립을 돕고자 동분서주하고, 적적한 노인들을 모아 짐볼을 함께 굴리며, 누구의 아내나 엄마가 아닌 자신의 이름으로 무대에 설 수 있도록 주부들에게 난타도 가르친다. 중간중간에 어미 노릇까지. 그녀의 시간은 세대를 아우르느라 숨가쁘다.

급변하는 시류에 휩쓸리다 보면 자칫 자신을 잃어버리기 십상이다. 흔드는 바람이 세찰수록 나를 붙들어 맬 변함없는 것들이 간절해진다. 학창 시절부터 앞에 나서서 반 아이들에게 웃음을 주던 윤례 씨는, 매번 이익되는 것도 없는데 전국에 흩어져 사는 동창들에게 똑똑, 단톡방을 노크한다. 이리 치이고 저리 밀리다가 문자를 받으면, 오랜 세월 비바람에도 제자리를 지키는 고향 마을 당산나무가 떠오른다. 인터넷 어디선가 읽어 봤을 법한 글줄인데도 '괜찮아'라며 다독이는 목소리로 들려 등뒤가 든든해지며 뻣뻣하던 마음이 녹진해진다.

사람은 누구나 꿈을 갖고 살아간다. 다만, 머릿속에 그려도 밤낮없이 노력하여도 꿈이 손에 잡히는 경우는 드물다. 설핏설핏 실루엣만 보여줄 뿐이다. 똑똑한 이들이 지름길을 찾아 달려갈 때 그녀는 묵묵히 굽은 길을 걷는다. 좁은 오솔길에서 낮게 피어난 풀꽃을 만나고 가지 끝에 매달려 우는 새소리도 듣는다. 똑똑, 낙숫물이 바위를 뚫는다. 우직한 이는 시간의 힘을 믿는다. 한 곳을 집중하여 파고들 때 홈이 파이듯 한 발 한 발 꾸준히 걷는 길이 결국엔 지름길일지도 모른다.

별빛이 밤하늘을 메운다. 윤례 씨의 꿈도 잠시 숨을 고른다.

막둥이 박

오르막인데 뒷걸음질이다. 뒤꿈치는 평지를 딛는 듯 사뿐하고, 시선은 나란히 늘어선 발끝들을 살핀다. 삼삼오오로 무리가 나뉘었다. 멀찌감치 쫓아오던 걸음 하나가 점점 느려지더니 순간, 희끄무레하던 그림자마저 휘어진 모퉁이에 가려진다. 그가 손짓으로 선두 그룹을 늦춘다.

홍곡리 지암에서 출발했다. 자드락길은 산허리를 돌아 모재까지 이어진다. 가풀막지지 않아서 남녀노소가 쉽게 오를 수 있는 길이다. 보통의 구수산 산행은 백수우체국 뒷길에서 시작하여 봉화령을 거쳐 정유재란열부순절지로 내려선다. 종주하는 데 네댓 시간 걸리기도 하려니와 칼바위 능선을 넘으려면 다리가 후들거린다. 날쌘 다람쥐처럼 산등을 타는 전문가도 섞였고, 둘레길만 걸어도 숨을 헐떡이는 초심자도 참여하였다. 길 안내를 맡은 그는 동행할 면면을 떠올렸을 것이고, 경사가 급하지 않은 코스로 택한 듯싶다.

　모인 구성원이 흥미롭다. 오랜만에 만난 동창부터 동네 절친과 허물없이 지내는 선배까지, 그의 다부진 등을 어깨 여럿이 에워싼다. 대장처럼 일사불란하게 인도하는 그를 가까운 이들은 '박고수' 이름보다 '막둥이'라는 별칭으로 부른다. 정감 어린 호칭이다. 산을 오를 땐 밀고 끌어주니 동지애가 절로 생긴다. 가파른 산마루를 더불어 넘어간다는 동질감에 옆 사람과 말문 트기도 쉬워진다.

　살다 보면 자신의 한계를 정직하게 대면할 때가 생긴다. 그는 오 남매의 막내다. 부모에겐 응석받이면서 형제간엔 귀염둥이였다. 막내란 형들을 어설피 흉내 내고 가끔 자신의 것을 양보하면서 세상을 받아들인다. 하여, 가족의 애정을 배경 삼은 막둥이는 삶이 때때로 만만하게 여겨지기도 한다. 그 또한 사회에 첫발을 디뎠을 땐 자신감이 충만하였고, 남부럽지 않은 부를 이루어 앞줄에 설 수 있으리라는 꿈도 꾸었다. 하지만 막상 나선 울타리 밖은 찬바람이 거세고 눈물조차 사치인 전쟁터였다. 안정적으로 다니던 직장이 갑자기 사라진 날은, 눈앞이 어지럽고 온몸에 기운이 빠져 바닥에 주저앉았다. 너무 기가 막히면 헛웃음부터 나온다고 했던가. 다 지난 일이라며 슬쩍 입꼬리를 올린다. 이제는 아픔마저 무뎌졌는지 눈빛에 흔들림이 없다. 꼿꼿하게 버티던 남자가 세상에 무릎 꿇는 순간이었으리라. 가장이기에 추슬러 일어섰을 터이고, 위로 내뻗던 우듬지와 한껏 부풀렸던 곁가지를 잘라내었겠지. 생이란 막내의 어리광이나 젊음의 치기만으로는 살아갈 수 없다는 것을 뼛속에 새기지 않았을까.

소설을 읽노라면 내 얘기인가 싶은 대목도 있고, 아는 이들의 삶이 문득문득 겹치기도 한다. 지금의 고수 씨는 어쩌면 『그리스인 조르바』의 조르바를 닮은 듯하다. 이곳 여기에 최선을 다하는 조르바적 삶에 그도 닿아 있어 보인다. 조르바는 길 위에서 삶의 이치를 깨친 인물이다. 배움이란 책을 읽거나 학교를 통해서도 얻지만, 온몸으로 부딪히며 지혜를 구할 때 온전한 내 것이 된다. 그도 영업직으로 현장을 누비며 이념이나 관념보다는 손으로 만지고 피부로 느끼며 땅에 발 딛는 법을 익혔다. 붙임성 좋은 막내 기질은 스스럼없이 다가서고 스며드는 데 도움이 되었다. 곁에 있는 사람에게 마음을 쏟는 성격도 어릴 적 형제들과 뒹굴고 부대끼며 만들어지지 않았을까. 사람들과 눈높이를 맞추고 귀 기울이다 보니, 철부지 막둥이에서 차츰 의지할 수 있는 윗사람으로 인정받았고 전폭적인 신뢰도 얻어 갔다.

후회하지 않는 삶이 있을까. 서 있는 위치가 때로는 생각의 굴레를 씌운다. 막둥이는 받는 것에 익숙하기 쉽다. 노모의 병시중을 그가 들게 되었다. 행여 어머니께서 입맛이라도 잃을까 봐

아내와 교대하며 아침저녁으로 갓 지은 밥과 김 오른 국을 병원으로 쉼 없이 날랐다. 바짝 야윈 등허리를 쓰다듬고 가냘픈 다리를 주무르며 온기를 전하면서도, 한편으론 형과 누나들에게 막내인데 왜 떠맡기느냐며 항변하였다. 어머니의 투병이 영원히 벗어날 수 없는 짐처럼 짓눌렀다. 간병만 끝내면 몸과 마음이 가벼울 것 같았다. 몇 년 후, 형님이 노모를 모셔 갔다. 그토록 바라던 일이라 홀가분할 줄 알았는데, 깊이를 알 수 없는 구멍이 가슴에 뚫렸다. 밤낮으로 눈가에 물기가 어려 한동안 문밖으로 나서지도 못했다. 함께한 병원 생활이 행복한 시간이었음을 깨달았을 땐 이미 어머니의 병세가 손을 쓸 수 없었다. 사물을 제대로 보고 생각하려면 너나없이 나이도 먹고 이빨도 좀 빠져야 한다며 경험을 강조한 조르바처럼, 자식들은 소중한 이를 돌아오지 못할 먼 곳으로 보내고서야 인생에서 중요한 순간은 지금이고 눈앞에 있는 사람이 그 무엇보다 귀하다는 가르침을 터득한다.

    축구 자랑으로 그의 목소리가 달뜬다. 운동장으로 나서면 지나간 기억도 다가올 계획도 떠오르지 않는다. 땀 흘린 만큼 머릿속은 단순해지고 흘러 다니는 공에게만 오롯이 집중한다. 생은 무엇인가를 끊임없이 포기해 가는 과정이라는 것도 축구를 통해 배워 나간다. 골대에 들어간 공은 내 몫이 아니려니 욕심도 내려놓는다. 경기 시작 전 가졌던 가능성이 닫히며 마무리되었더라도 최선을 다했다면 후회는 없다. 축구공은 사람과 사람 사이를 누빈다. 다양한 세대가 어우러지는 동호인 모임에서 중간 역할을 자처하며 아들 또래인 선수들에게 막내 자리를 내어준다. 그에겐 마음 수행처가 곧 운동장이다.

그의 말이 튈 때마다 주위가 술렁인다. 우스갯소리를 개개인 맞춤형으로 던진다. 세세하게 살피고 애정 섞인 관심을 두어야만 나올 수 있는 언어들이다. 번지르하거나 달콤한 언사는 아니다. 슬쩍 흠결을 건드리고 치장해 둔 포장을 가차없이 벗겨버린다. 체면 때문에 접어두었던 민낯을 거리낌없이 드러나게 한다. 한마디가 날아가면 상대는 기다렸다는 듯이 맞받아친다. 듣기에 따라서는 감정이 언짢아질 수도 있겠으나, 이득과 손해를 견주지 않는 성품을 알기에 그의 공격을 즐긴다. 오가는 농담에 투박한 정이 듬뿍 담겼다.

세인들은 자신의 지난했던 삶을 책으로 엮으면 몇 권쯤은 쓰일 것이라고 말한다. 또 어떤 이는 너무나 평범한 생인데 특별하게 글로 남길 거리가 있을까 의문을 던진다. 어쩌면 그리스인 조르바나 막둥이 박은 주변에서 흔하게 만날 수 있는 보통 사람들일 것이다. 하지만 그들 곁으로 다가가 보면 자신에게 찾아온 희로애락을 겪으며 살아간다는 걸 금세 알게 된다. 막내라는 운명을 받아들이고 뛰어넘은 고수 씨나 토할 때까지 먹고 버찌에 대한 욕망을 버렸다는 조르바의 일화처럼, 사람들은 사소하지만 값진 저마다의 얘기를 써 내려가고 있는 건 아닌지. 역사에 위대한 업적을 남기거나 이름 한 줄 드높이지 못했어도 누구나 각자의 생에선 당당한 주인공일 테니까. 가끔은 주변인의 빈틈을 메워주는 조연 노릇도 괜찮을 듯싶다. 매 순간 가슴 펴고 걸어갈 일이다.

모재 쉼터가 떠들썩하다. 라면에 된장을 풀고 삼겹살 얹어 끓이는 그의 솜씨가 예사롭지 않다. 그릇마다 남김없이 채워준 후에야 첫술을 뜨는 그가 봉화령 봉우리처럼 믿음직스럽다. 김 서린 안경 너머로 칠산바다가 너르게 펼쳐졌다.

백수해안도로 대신등대

진짜 폼이 나야 한다

 깎아지른 벼랑이다. 자칫하면 구를 것 같아 오금이 저린다. 계곡 모서리를 돌아온 골바람이, 힘겹게 버티고 선 발목이라도 넘어뜨릴 것처럼 사납게 할퀴고 지나간다. 그 기세에 떠밀린 옷자락이 쉬지 않고 펄럭이는데도 그는 카메라 앵글에 눈을 댄 채 미동 없이 셔터를 누른다. 나는 눈뿌리가 아찔하여 멀찌감치 물러섰다.
 마을을 밤새 지키던 가로등은 우리가 산중턱에 오를 즈음에 꺼졌고, 꼭대기에 도착했을 때는 하늘이 아래부터 붉은 기운으로 메워지는 중이었다. 새벽부터 서둘렀건만 여명의 순간을 놓쳤다. 그는 척수염을 앓은 후유증으로 감각이 둔한 탓에 작은 돌부리에도 신발이 곧잘 걸린다고 했다. 산행 때마다 신경을 곤두세우고 바짝 긴장을 한단다. 또 높은 곳에 오르면 다리가 후들거리고 몸을 제대로 가누지 못하는 고소공포증도 심하다. 이래저래 산 타는 일을 꺼리면서도 카메라만 등에 지면 다람쥐가 나무에 오르듯 잽싸진다. 두려움조차 잊게 하는 그의 열정은 어디에서 오는 걸까. 아침 해가 중천을 넘어서자 격정적으로 찍어대던 카메라를 내리고 주섬주섬 장비를 챙겨 넣는다. 이내 바위에 걸터앉더니 지나온 삶을 커피잔에 담아 건넨다.

외아들이라는 굴레가 그의 손발을 묶었다. 친구들과 개울가 수영도 안 되고, 산은 높고 바다는 깊어서 위험하다며 한나절이라도 동네에서 보이지 않으면 어른들에게서 날벼락이 떨어졌다. 하지 말아야 할 것 투성이었다. 집 안에서 천장의 무늬나 세고 바닥에 등을 붙일 뿐이었다. 덕분에 잠은 일상이 되었다. 늦잠 자는 버릇 때문에 명절 차례에 참석하지 못하는 지경에 이르러서는 부모님의 애간장도 타들어 갔다. 몸에 부대끼는 작업을 한 후에는 여지없이 쓰러져 눕기 일쑤였다. 입버릇처럼 '일찍 일어나기만 해도 인생이 바뀌리라'라는 말을 달고 다녔으나, 타고난 체질을 바꾸기는 쉽지 않았다. 끈기 있게 밀고 나가지 못하는 나약한 의지도 한몫했으리라. 부석하게 누워 있는 얼굴을 자식들에게 자주 보여주었고, 하릴없이 컴퓨터 앞에서 바둑 게임이나 두는 한심한 아버지였다.

초등학생인 두 아이와 함께 영어회화 학원에 등록했다. 해외여행을 좋아하는 그는 외국인들과 자유롭게 대화하고 싶었다. '설마 초등 영어 수업을 따라가지 못하겠는가'라는 호기를 부렸다.

첫 시간, 선생님과 한 팀을 이뤄 영어로 연극을 펼치는데 평소에 알고 있던 간단한 단어조차 떠오르지 않았고, 어떻게 문장을 만들어야 할지 몰라 쩔쩔매는 동안 야속한 시간만 지나갔다. 두 아이는 그럭저럭 대화를 풀어 갔으나, 그는 눈만 끔뻑이다가 입은 뻣뻣하게 굳어 말까지 더듬거렸다. 등짝에서 연신 식은땀이 흘러내리던 순간을 잊을 수가 없다.

영어회화 공부에 매달렸다. 왕초보 탈출을 위한 인터넷 강의를 결제하고 밤낮으로 이어폰을 귀에 꽂고 다녔다. 사람이 없는 곳이나 소음이 심한 기계실을 순찰할 때는 목이 쉴 정도로 외웠다. 낙숫물이 바위에 자국을 새기듯 귀에 딱지가 앉도록 들었더니, 외국인의 말소리가 환청으로 들리고 영어 문장을 잠꼬대로 중얼거리기도 했다. 아이들 앞에서 땀만 흘려대던 아버지의 모습을 다시는 보이고 싶지 않았다. 영어로 말할 수 있는 기회라면 물불을 가리지 않고 찾아다녔다. 원어민과 영상으로 수업하고 SNS 친구를 맺어 여러 나라 사람과 통화도 시도했다. 심지어는 자신의 종교와 상관없이 외국인들이 많이 다닌다는 교회까지 예배를 보러 갔다. 노력은 배신하지 않아서인지, 언제부턴가 회화 수업 시간뿐 아니라 해외에 나가서도 소통하는 데 막힘이 줄었다.

그가 달라졌다. 땅을 빌려 묘목 사업에 뛰어들었고, 비닐하우스 밭을 일구어 수박도 키웠다. 농사는 생명을 돌보는 일이다.

직장 생활과 병행하며 농작물을 키워내려면 아침잠을 줄이고 저녁 약속도 뿌리치는 수밖에 없었다. 자식들을 위한 일이다 싶어 없던 능력을 짜내었고 체력의 한계와도 싸웠다. 가장이 변해 가는 모습을 가족들은 지켜보았다.

사진작가의 길에도 발을 들여놓았다. 젊은 날, 친구 결혼식에서 여분의 카메라로 신랑신부의 움직임을 장난삼아 찍었다. 이후 자신이 찍은 사진들이 결혼 앨범을 채웠다는 사실에 슬쩍 예술가적 기질이 있는지 기대를 가졌다. 당시로는 명성 있는 사진가의 권유도 있었지만 경제적 이유로 선뜻 따라나서지 못했다. 마음 구석에 꿈으로 남기고 살아오다가 지천명이 되면서 공모전 문을 두드렸다. 컴퓨터 프로그램 다루기가 서툴러서 포토샵 스승을 찾아 매주 타 도시로 오갔고, 사진 선생을 만나면 남녀노소 가리지 않고 고개 숙여 가르침을 청했다. 평생교육원에도 등록하고, 사진기능사 시험에도 도전했다. 새벽까지 눈을 비벼 가며 문제집을 들여다보는 그를 주변인들은 진심으로 응원했고, 합격률이 낮다는 자격증을 받았을 때는 누구보다 스스로 자랑스러워했다.

그는 세상의 모퉁이를 찍거나 삶의 표정을 기록으로 남긴다. 공모전에 수상하여 목표 점수를 달성하면 한국사진작가협회의 인증서를 받는다. 그저 우직하게 점수를 쌓아 가더니 드디어 작가 등록을 마쳤다. 자식에게 제일 좋은 공부는 부모의 뒷모습일 것이다. 시간을 쪼개서 당당하게 제 길을 찾아가는 아버지를 지켜보던 아들은 부모 도움 없이 학업을 마쳤고, 큰딸은 십 년의 현장 경험을 살려 그동안 모은 돈으로 창업을 했다. 막내는 아버지처럼 남들과 다른 삶을 살고 싶다며 또래들보다 앞서 학점 이수에 매달린다. 자식들은 의논할 일이 생기면 그에게 먼저 전화를 걸어 의견을 구한다.

무뎌진 칼날을 벼리는 생이었다. 무던히도 배우고 익혔다. 넓은 평수의 아파트에 살지 못하고 번쩍거리는 고급 차는 타지 않지만, 그는 자식들이 진정 뒤따르고 싶은 아버지가 되었다. 진정 폼나는 인생이 아닐는지. 가파른 계단을 앞장서 내려가는 정상윤 작가의 등을 따스한 햇살이 감싼다.

영광작은미술관

공달과 순금

새벽 세 시, 공장의 불이 켜진다. 공달 씨가 일어났다. 직원들이 출근하기 전에 재료 준비를 해두어야 한다. 작업에 쓰이는 기계를 예열하고, 전날 밤부터 씻어 불려두었던 쌀의 물기를 빼낸다. 송편 속에 들어가는 통동부, 흑임자, 녹두, 기피, 떡고물을 작업대 위로 옮겨둔다. 시계가 네 시를 가리키니 어둠을 뚫고 일꾼들이 들어선다. 숨 가쁜 하루의 시작이다.

여명이 밝아오면 순금 씨가 깨어난다. 찌개를 끓여 식탁 위에 올리니 공달 씨가 아침밥을 먹기 위해 들어온다. 둘은 마주 앉아 하루의 계획을 나눈다. 일찍 출근한 직원들을 위해 주먹밥을 챙겨 담 하나 사이에 있는 떡 공장으로 나선다. 순금 씨는 남편이 쪄 둔 송편을 분류하여 소포장하고, 주문 들어온 전표를 확인하며 택배를 싼다. 토요일은 평소보다 바쁜 날이다. 마음을 단단히 먹는다.

중학생 공달에게 같은 동네 사는 동갑내기 순금은 세상에서 제일 예쁜 소녀였다. 긴 생머리에 갸름한 얼굴이 어쩜 그리도 사랑스러운지, 그녀만 보면 가슴이 뛰었다. 연정을 품었다. 두 사람 사이에 징검다리를 놓으라며 애꿎은 후배만 괴롭혔다. 공달을 동네 친구로만 여기던 순금도 그의 정성에 마음을 열었다. 둘의 인연은 강산이 다섯 번이나 바뀌었다.

제대 후 방황하는 그를 위해 누나들은 둘이 함께 지낼 보금자리를 마련해 주었다. 한 마을에서 공달네의 흥망성쇠를 지켜봐 온 순금 아버지는 두 사람의 혼인을 무척이나 반대하셨다. 얼음장처럼 굳은 장인 마음을 공달은 오로지 성실한 생활과 붙임성으로 녹여 갔다. 장인에게 인정받기까지 그리 오랜 시간이 걸리지 않았다. 그동안 순금은 남편을 한결같이 믿었다. 장인도 나중에는 그 누구보다 열렬히 지지해 주었고, 공달도 진심을 다해 섬겼다.

그는 책임감이 강한 남편이다. 하던 일을 그만둘 때에는 반드시 다음 일할 곳을 마련하고 마무리 지었다. 부지런하고 강인한 뚝심으로 가정을 일구어 나갔다. 월급쟁이에서 시작해 아홉 번의 장사 업종을 바꾸어 가며 재산을 늘렸다. 공달의 신념에 따라 직업 변경을 여러 번 하는 동안, 순금은 말없이 믿고 따랐다.

잘 나가던 식당을 정리하고 모시송편 떡집을 준비할 때였다. 주변의 적극적인 만류가 있었다. 해오던 식당 영업만으로도 전망이 있는데 굳이 새로운 업종에 도전하는 그를 이해하지 못했다. 사람들의 따가운 시선과 수군거림 속에서 송편 공장 건물을 짓고 자리 잡기까지 마음고생이 심했다. 스트레스 때문인지 그의 눈에 이상이 생겼다. 잃어 가는 시력에 우울증까지 겹쳤다. 그때 부부가 내게 상담을 의뢰해 왔다. 순금은 남편에 대한 걱정을, 공달은 쉬 보이지 않는 앞날의 답답함을 하소연했다. 인생 최대의 위기였다.

그녀는 현명한 아내다. 결혼 초에는 한동네에 사는 시부모와 친정 부모를 의식해 처신해야 했고, 홀로 사는 시어머님께는 의지처가 되어드려야 했다. 남편의 어머니 편들기로 시어머니와의 갈등의 시간도 있었다. 하지만 순금은 시어머니를 '엄마'라고 부르며 지혜롭게 간격을 좁혀 나갔고 남편을 다독였다. 자식들을 위해서는 누구보다 강인해졌다. 여느 엄마인들 자식을 위해서 희생하지 않겠는가마는 장사하며 키워야 하는 여건 때문에 소홀하지 않도록 밤낮없이 살폈다. 예쁘고 순수하기만 하던 소녀에서 억척스럽게 삶을 살아내는 여자가 되어 가는 그녀에게 공달은 미안하면서도 고마운 마음뿐이다.

위기 없는 부부가 있을까. 급한 성격의 그와 느긋한 성품의 그녀는 부딪혔다. 한번 해야겠다고 마음먹은 일은 어떻게든 해내고 마는 그가 때로는 그녀에게 버겁기까지 했다. 특히 아들의 의지와 상관없이 막무가내로 자식의 진로를 밀어붙일 때는 가족들이 초긴장 상태였다. 아들은 어긋나고 공달은 고집을 꺾지 않아 양쪽을 조율해야 하는 가슴 졸이는 시간도 흘러갔다. 당장 헤어지자 날을 세우며 싸우기도 수십 번이다.

공달에게 순금은 부인이 아니라 영원한 연인이다. 보통은 아이의 이름을 넣어 누구 엄마, 누구 아빠라고 부르지만, 공달은 아내 이름 부르는 것을 더 좋아한다. 가끔 친구들과 어울릴 때, 그의 소년 같은 짓궂은 장난이 이어지면 순금의 귀여운 눈 흘김이 너무나 사랑스럽다. 그들은 둘만의 소주잔 기울이는 시간을 자주 갖는다. 일상의 대화가 끊이지 않는 부부가 가장 좋은 벗이라 했던가. 그와 그녀를 두고 하는 말 같다. 삶의 고비가 있을 때마다 이겨낼 수 있었던 비법이다.

순금에게 가장 행복한 시간은 자신의 건물을 지었을 때이다. 비싼 월세를 내며 장사를 하고 있었는데, 주인은 감당하기 벅찬 월세 인상을 요구해 왔다. 공달은 결단을 내렸고 은행 대출을 얻어 땅을 사고 건물을 지었다. 처갓집의 지지가 있었기에 가능했다. 칠 년 만에 대출 상환을 끝내던 날을 순금은 인생 최고의 기쁜 날로 꼽는다. 무일푼에서 시작한 삶에 뿌리내릴 곳이 생긴 것이다. 오로지 몸을 아끼지 않고 성실하게 일한 결과였다. 주변을 돕기 시작했고, 선배들의 인정과 후배들의 응원이 뒤따랐다. 돌아보면 육체적으로는 힘든 세월이었지만, 둘이었기에 정신적인 어려움은 거뜬히 견딜 수 있었을 것이다.

새벽부터 송편 공장이 분주하다. 바구니에 담겨 물을 뺀 쌀이 젖은 모싯잎과 하나로 섞인다. 세 번에 걸쳐 정교하게 갈린 재료는 반죽 기계 안에서 메쳐지며 찰기를 얻는다. 쌀과 모싯잎은 각자의 개성을 버리고 팔뚝만 한 초록의 덩어리로 뭉쳐져 나온다. 또 다른 곳에서는 반죽 안에 떡고물을 넣어 동글동글 공 모양을 만든다. 여기까진 송편의 느낌은 없다. 공달네 송편은 정확한 계측으로 만들기에 언제나 똑같은 떡 맛이 유지된다. 일관된 송편 맛이 그의 철두철미한 성품을 닮았다. 손발이 척척 맞는 직원들은 반죽된 공을 손으로 빚어 반달 송편을 만든다.

두 사람의 살아온 모습이 모시송편 만드는 과정 같다. 개성 강하고 따로 생각이던 둘은 세파에 갈리며 뒤섞이는 고통을 겪었다. 수십 번 세상 밖으로 메쳐지는 동안 서로를 감싸는 찰기가 생겼다. 그 안에 자식이라는 고물을 품었다. 궂은일 가리지 않고 노력하는 부모를 보고 자란 아들은 방황을 끝내고 가게 일을 돕더니 어느새 어엿한 사업가가 되어 간다. 아들은 곰살궂게 손님들을 상대해 무척 인기가 많다. 재능이 따로 있었다고 여기며 부부는 이제 한시름 놓는다. 송편을 잘 빚으면 고운 아이를 낳는다는 옛말이 있다. 둘은 맛깔나게 송편을 만들었기에 자식들의 삶도 잘 빚

어진 것 같아 매사가 감사하다.

　찌고 식히는 과정에서 송편 맛이 결정된다. 푹 익혀 꺼낸 후 재빨리 건조시켜야 쫄깃한 식감이 산다. 공달과 순금은 삶을 익혀야 하는 나이에 접어들었다. 송편이 뜨거운 김 위를 거쳐야 음식이 되듯이 담금질하는 세상일들을 기꺼이 받아들여야 생이 익는다. 지금까지 그래 왔듯이 앞으로도 두 사람은 충분히 잘 해낼 것이다. 공달은 몇 년 뒤 일선에서 은퇴하여 부인과 전국 여행 다니는 꿈을 키우고 있다.

　부부는 닮아 가는 것일까. 순금이 즐겨 부르던 노래에 요즘 공달 씨가 빠져 있다. 연신 똑같은 노래만 흥얼거린다. 분주한 일과를 마치고 노래방 기계 앞에 선 두 사람이 파트를 자연스럽게 나눠 부른다. 공달과 순금의 화음이 고즈넉한 밤하늘에 퍼져 나간다.

붉은 땀

 건물 삼층에서 불꽃이 솟는다. 여기저기에서 폭음이 울리며 시커먼 연기가 새어 나오더니 금세 자욱해진다. 신고자의 목소리는 다급하고 상황실 출동 명령은 단호하다. 소방관들은 자동기계 작동하듯 몸에 옷을 끼워 넣으며 복도를 가로질러 달려간다. 소방차가 사이렌을 울리며 급하게 차고를 나선다. 명령에서 소방차 출동까지 40초 남짓 걸렸다. 화재를 발견한 사람들이 이웃을 깨우는 사이 검붉은 혓바닥은 금방이라도 건물을 통째로 삼킬 것처럼 날름거린다. 불길이 외벽을 타고 상층부로 재빠르게 올라간다.

 물과 불의 전투가 시작되었다. 소방차에서 거대한 물줄기가 폭포수처럼 뿜어져 나온다. 구조용 헬기가 이륙하고 불길이 점령한 건물에 물대포를 장착한 특수차량들이 에워싼다. 헬기에서 활강한 소방대원들이 옥상으로 대피한 주민들을 바스켓에 태우는 사이, 특수차가 외벽을 뚫고 물을 쏘며 구조대원들이 진입할 수 있도록 통로를 확보한다. 대원들은 건물 안으로 들어간 뒤 사람들의 대피를 유도하면서 연기를 흡입한 이들부터 구급차에 실려 보낸다. 아득히 높은 계단 위에서 소방관 한 명이 아기를 안고 바람처럼 달려 내려온다. 그 뒤로 실제 화재 현장의 긴박했던 구조 영상이 겹친다. 그의 발걸음에 내 심장도 덩달아 펄떡인다. 옆 사람의 숨소리조차 들리지 않고 호흡이 가빠진다. 내려올수록 두 사람의 모습이 점점 뚜렷해지고, 드디어 입구를 통과하여 아기를 구급차에 태우는 순간에서야 안도의 한숨이 나온다. 괜히 코끝이 찡해지면서 손수건을 눈가로 가져간다.

'소방의 날' 기념식에 대통령을 모시고 귀빈들이 자리했다. 참석한 이들도 잔뜩 굳은 얼굴로 소방 시범 훈련을 바라보지만, 한쪽에서 기념식 시나리오 책자를 들고 그 누구보다 초조하게 재연 장면을 지시하는 사람이 있다. 이번 기념식을 기획한 선우 씨다. 그는 혹여 실수라도, 혹시 안전사고라도 있을까 봐 마음을 졸이며 현장을 지휘하고 있다. 시연이 막바지로 접어들며 시뻘겋던 불길이 잡힌다. 자욱한 연기가 사방을 휘감는다. 앞이 보이지 않는 흐릿한 연기 속으로 그의 '불끈이' 삶이 파노라마처럼 지나간다.

기념식을 앞두고 그를 만났다. 보통의 중년 남자들보다 큰 체구가 듬직한 인상을 풍긴다. 친구라지만 모임에 가서야 겨우 얼굴 보며 안부를 전하는 정도이지, 깊은 이야기를 나눌 기회가 많지 않았다. 또 소방관이라는 특수한 직업 때문에 남들과는 다른 인생을 살아왔을 것이라는 막연한 선입견까지 갖고 있었다. 굵은 목소리와 편안한 말투로 하나하나 풀어내는 그의 삶은 나의 편견을 여지없이 깨뜨려주었다.

그는 이번 행사 제의를 받았을 때 선뜻 하겠다는 말을 못했다. 여느 조직에서나 마찬가지로 꽉 짜진 팀에서 한 사람이 빠져나간다는 것은 누군가가 그 일을 대신해야 한다는 뜻이다. 만약 파견을 나간다면 남아 있는 동료들이 자신의 몫까지 고생할 것이기에 많은 시간 고민하게 했다는 말에 불끈이가 그들에 대해 얼마나 각별한 마음을 갖는지 알 수 있었다. 그러면서도 그는 '누군가 해야 할 일이라면 한 번쯤 도전해 보는 것도 괜찮지 않을까'라는 생각에 미치게 되었다. 그 또한 소방 조직을 위한 일이라는 판단으로 어렵게 결정을 내렸고, 묵묵히 제자리를 지키고 있을 동료들이 있기에 더욱 열심히 준비에 매진할 수 있었다.

경험해 보지 않은 일에 도전한다는 것은 무에서 유를 만들어 내는 작업이었다. 행사 주제 정하기부터 연일 토론이 이어지며 여러 날을 보내야만 했다. 장소를 물색하기 위해 전국의 후보지를 둘러보았고, 코로나로 참가 인원은 제한되었기에 초대 인사 선정에서 잡음도 있었다. 소방 시범을 국민에게 보여줄 기회여서 소방관들은 피나는 훈련과 연습을 거듭했다. 더구나 대통령까지 동참

하는 행사라 경호와 의전도 커다란 과제 중 하나였다. 어느 것 하나 수월하게 넘어가지 않았다. 하루하루 전쟁터를 누비듯 비장하게 지나갔다. 가족과 떨어져 지내는 불편하고 외로운 생활은 덤이었다.

젊었을 때는 그도 구조대원이었다. 화마 속에 쓰러져 있는 사람을 본 순간에는 위험조차 생각할 겨를 없이 몸이 먼저 반응하여 무조건 업고 뛰었다. 자신의 안위보다 구조자의 생명이 최우선이었다. 소방관으로 일을 하면서 동료를 잃는 것이 가장 힘들다고 말하던 그의 눈가가 붉어졌다. 햇병아리 소방관 시절에는 선배들의 가르침으로 버텨내었다. 사고 현장에서 돌아와 머릿속에 상황이 복기되어 괴로워하는가 싶으면 밖으로 끌고 나가 팽팽해진 정신이 풀리도록 술을 사주던 선배가 있었다. 그런 선배를 자신의 손으로 장례 치른 날이나 젊은 동료를 보내야 할 때는 한동안 마음이 주춤거렸다. 도저히 다시는 불 속으로 뛰어들지 못할 것 같은 두려움이 엄습해 왔다. 그러나 또다시 구조 현장으로 뛰어나갈 수 있었던 것은, 언제나 자신이 해야 할 일이라는 사명감이 앞섰기 때문이다. 불을 향해 주저 없이 몸을 던지는 행동은 소방관이라는 직업에 최선을 다한 결과이지 않을까.

불끈이는 기름진 논보다 모래땅이 더 많은 시골에서 태어났다. 오죽 척박한 동네였으면 모래언덕으로 이루어졌다며 '사등마을'이라 명명했을까. 궁핍한 어린 시절을 보내서인지 돈을 많이 벌고 싶었다. 직장 생활은 몇 년만 하리라 결심했고, 퇴직 후에는 사업을 하겠다는 야무진 꿈도 있었다. 스물여덟의 청년이 단지 제복이 멋있어서 소방사 시험에 응시했다며 배시시 웃었다. 구조대원으로 일하며 스킨스쿠버, 간호조무사, 굴삭기, 대형운전면허, 소형선박조정 등 인명 구조에 필요한 자격증을 차곡차곡 취득하였다. 늘 누군가를 위한 공부를 하는 자신을 보며 어쩔 수 없는 운명의 직업을 받아들이게 되었다.

    그의 생을 되짚은 동안, 소방 시연을 끝낸 소방차에서 붉은 땀이 흐른다. 어느샌가 불끈이의 등도 흠뻑 젖어 있다. 맡은 직분을 완수하고, 밥벌이를 넘어 주어진 업이라 여기는 성실함이 땀으로 배어 나오고 있었다. 그의 젖은 등을 보며 나는 내 일에 얼마나 치열하게 고뇌했는가, 당장 먹고사는 데만 급급하여 주위에 소홀하진 않았는지 되돌아본다.

    명예 소방관이 나직하게 읊는 소방관의 기도는 묵직하고 숙연하다. 아무리 강력한 화염 속에서도 한 생명을 구할 수 있는 힘을 주고 구하지 못하는 생명이 없도록 해달라고 하면서도, 화재를 진압하다가 자신이 목숨을 잃게 되면 아내와 가족을 돌봐달라는 말에 기어이 지켜보는 이들의 눈물을 쏟게 만든다. 대통령은 기념사에서 명령하였다.

"살려서 돌아오라. 살아서 돌아오라."

세찬 박수를 받으며 행사가 무사히 막을 내린다. 지켜보던 나도 선우 씨가 무거운 짐을 벗은 것 같아 마음을 놓는다.

노을 영광

이발사 아들

"아따, 참말로 양반입디다!"

전라도 특유의 말씨다. 저음으로 내려앉은 굵직한 말투는 목화솜 이불로 감싼 듯 포근하다. 방금 헤어진 이웃처럼 억양이 친근하게 달라붙는다. 자신이 누구이고 왜 전화했는지 밝히지 않은 채, 대뜸 통화가 되자마자 들려주는 말에 기억을 더듬느라 머릿속이 바쁘다.

반 년도 더 지났다. 얼굴도 뵌 적 없는 분이 아들 형사 사건으로 전화상담을 청했었다. 때마침 공직에서 물러나 변호사 사무실을 개업한 이가 있어 연락처를 전해 주고 대화를 마무리 지었다. 그 뒤로 상담이 연결되지 않았기에 그녀 일은 잊혔다. 그동안 재판은 진행되었고, 가벼운 처벌로 끝나기를 바랐던 사건이 실형으로 선고되자 부랴부랴 그를 찾아갔나 보다.

당시에는 국선 변호사가 재판을 돕고 있었다. 그는 자신이 맡은 사건이 아니기에 전화로 물어오는 것 자체가 귀찮을 수 있는 입장이었다. 하지만 앞날이 창창한 젊은이가 한순간의 실수로 형을 받는다면 살아가면서 수많은 제약이 따를 테고 사회생활을 정상적으로 해내기 어렵다는 것을 알기에, 어른으로서 법조인으로서 외면할 수 없었을 게다. 어미의 간절함과 아들의 뉘우침과 후회도 한몫 거들었지 싶다. 그는 재판 동안 그녀의 문의 전화나 문자를 한 번도 거절하지 않았다. 심지어 바쁜 시간을 쪼개어 상대의 변호인과 연락을 주고받았다. 이쪽의 반성과 보상하려는 노력이 제대로 전달되고 있지 않음을 알려주었다. 시간을 금보다 귀하게 여기는 시대에 낯모르는 누군가를 돕기 위해 제 시간을 나누기는 쉽지 않았을 터. 그녀가 그를 왜 '양반'이라 말했는지 자초지종을 듣고 나니 고개가 끄덕여진다.

단어 하나로 사람을 충분히 대변할 때가 있다. '양반'이라는 말을 접하는 순간, 그의 얼굴이 확연히 떠올랐다. 온화한 성품과 언제나 남의 말에 귀 기울이는 태도, 그리고 말수는 적으나 묵직하고 공손한 어투까지, 그를 나타내기에 적확한 단어이다. 지금은 사용하지 않으나 문반文班과 무반武班을 아울러 일컫는 말이 양반兩班이지 않은가. 한때는 판검사를 조선시대 당상관 지위와 비슷하다 하여 '영감'이라고까지 높여 부르기도 했다. 그녀가 말한 양반은 그의 직업이 검사직이었던 관료만을 뜻하진 않았을 것이다.

고향 영광에서는 행동이 점잖고 경우 바른 사람을 예우하여 '양반'이라 칭한다. 그녀의 말뜻은 '정말 좋은 분이다'거나 '참 어른답다'이지 않았을까.

사람은 허물없는 자리에서 무의식중에 본모습을 드러내기 쉽다. 그가 부산으로 발령받았을 때다. 몇몇이 관사에 모여 저녁식사를 했다. 그는 한 기관을 책임지는 가장 윗자리에 있었다. 얼마든지 서슬이 시퍼런 권위를 내세울 수도 있으련만, 월급쟁이 집이라며 소개하는데 집안을 꾸미지 않아 오히려 휑뎅그렁했다. 숙이는 자세와 배려가 몸에 배어서인지 담소가 이어지는 내내 모인 이들이 불편하지 않도록 부엌을 오가며 뭐든지 내어주려 분주했다. 예나 지금이나 국록 받는 이는 발령받아 임지를 떠도는 처지라 주말부부로 홀로 지냈다. 모임 자리가 파한 후, 재활용품을 분리하고 뒤치다꺼리를 거리낌없이 해내는 동작에서 생활인의 소탈함이 묻어났다.

그의 아버지는 이발사였다. 솜씨가 좋아 배우겠다고 따라붙는 이들도 꽤 있었다. 자식은 부모 등을 보며 따라 걷는 건가. 그의 걸음이 아버지 직업 쪽으로 이끌렸다. 중학교 졸업 후 미용학원에 등록하고 미용실에서 아르바이트를 시작했다. 아버지는 그에게 손재주를 내림하지 않았나 보다. 미용실에서 근무하는 시간이 적성에 맞지 않아 유독 더디게 갔다. 아무리 연습해도 미래가 보이지 않았고, 당연히 자격증 시험에도 떨어졌다. 하릴없이 뒹구는 그를 보다 못한 누나의 권유로 또래보다 늦게 고등학교에 진학했다. 입학 합격선보다 낮은 점수였고, 전교 꼴등이었다. 학업을 마음에서 놓았기에 영어 단어 하나도 제대로 외워지지 않는 시기였다. 그렇지만 이발사의 길로 다시는 돌아가고 싶지 않았다. 난로도 친구도 없는 교실에서 추위와 싸우며 홀로 교과서를 붙들고 늘어졌다. 다행히 점점 공부에 재미가 붙었고, 이듬해에는 성적이 전체에서 열 손가락 안에 들 정도까지 올라갔다. 집요하게 책을 파고드는 그를 지켜보던 선생님은, 그대로라면 사법시험도 준비할 수 있겠다며 법학을 권유했다. 그 시절 법대는 먹고 잘 수 있도록 기숙사를 제공하고 장학금까지 주는 혜택이 있었다. 어려운 가정형편을 생각할 때 다른 선택지가 없었다. 고시 준비가 힘들 때마다 남의 옷 걸친 것 같았던 미용학원의 쓰라린 경험을 되새기며 배수의 진을 쳤다. 이발사 아들은 이발사 업을 피하고자 이를 악물고 사법고시에 합격했다.

　이발사 아버지도 세상사 부침을 겪었다. 아버지에게 이발 기술을 배운 이들 중 한 명이 뒤통수를 쳤다. 기술을 익히자마자 몇 발짝 떨어지지 않는 곳에 이발소를 차렸다. 아버지는 좁은 동네에서 제자와 장사치처럼 싸울 수 없다며 오히려 속사정까지 헤아렸다. 말없이 이국땅에 근로자로 다녀온 뒤 식솔을 이끌고 타향으로 터전을 옮겼다. 원망하거나 미워하는 마음도 있었을 텐데, 현실을 직시하고 더 나은 방향을 찾아 나서는 가장의 선택을 가족들도 기꺼이 받아들였으리라. 그는 검사가 된 후, 피해자를 대신해 소리를 내고 정의를 바로잡으려 동분서주할 때마다 아버지의 어른답던 삶을 등불처럼 켜두었을 것이다.

주기적으로 염색해 주지 않으면 머리에 백설이 금세 내려앉는 나이다. 아들딸들은 하나둘 제 가정을 꾸리고, 그 아래 자손들이 키를 키운다. 아직은 어른이 아니라며 발뺌하려 해도 어른스럽지 못한 미숙함만을 드러낼 뿐이다. 어른이라는 말은 지켜야 할 덕목이 주렁주렁 매달려 있는 것 같아 무겁다. 책임감은 늘어나고 꼰대가 되지 않으려 말문은 자주 닫는다. 어느 순간은 꽤 괜찮은 사람이 된 듯하여 어깨가 으쓱거리다가도, 어떤 때는 스스로에게 실망을 느끼는 것이 보통 사람이 아닐는지. 양반다운 기품이나 안목까지 갖추지는 못하더라도 스스로를 다스리고 몸가짐을 바로 하는 반복적인 노력이 필요할 터이다. 깨달음을 얻었다고 바로 어른으로 추앙받지 못한다. 깨달은 바를 끊임없이 지켜내려는 자가 결국엔 존경을 받는다. 평범한 우리네도 어른답게 살려고 애쓰다 보면 종근 씨처럼 타인의 가슴을 따뜻하게 데우는 일도 있으리라. 묵묵히 살아가는 삶이 이미 세상 한쪽을 밝히는 것을 보았으니까.

영광대교

잇다

"두 발짝씩 물러서시요잉. 아직 몸을 움직이면 안 되라. 워메 워메! 쪼까 움직이지 마랑께라. 거기 검정 모자 쓴 언니! 손에 든 것 후딱 내려놓으쇼잉."

청홍박이 둥실 떠올랐네. 다들 마음이 급한가 봐. 진행자 몰래 모래주머니를 집어 들다가 들켰다네. 옆 무리에서도 슬쩍슬쩍 숨기는구면. 말 안 듣는 모양새가 어린애들 같네. 소쿠리를 덮어쓴 남자들이 몸을 잔뜩 웅크렸어. 뭇매 맞을 박이나 장대잡이는 모래주머니가 포탄처럼 날아들 생각에 온몸이 후들거릴지도 모르겠어. 한눈파는 순간, 날카로운 호루라기 소리가 허공을 가르네. 꼬맹이들이라면 과녁이 빗나가기도 하련만 부모 키를 넘기도록 자식을 키워낸 저력이 박통 틈새를 정확하게 겨냥하네. 몇 개 던지는가 싶더니 싱겁게 파란 박부터 터져버리네. 이내 빨간 박도

글 한 줄을 뱉는구먼. '만나서 반갑습니다.'

내 이름은 '영광백수중학교'라네. 영광군 백수읍에서 유일한 중학교지. 1964년에 문을 열었으니 벌써 사람으로 치면 한 갑자가 되었네. 내가 들어서고부터 학생들이 이웃 읍면 중학교로 다녀야 하는 불편을 덜 수 있었다니 어깨에 힘깨나 들어갔었지. 내 모습을 머릿속으로 그려 보시게. 기다란 구조물을 가슴으로 두고 작은 건물을 날개처럼 양쪽으로 덧붙였네. 먼 들판에서 올려다보면 마치 새 한 마리가 땅을 박차고 날갯짓하려는 꼴일 게야. 미래를 향해 날아오르려는 청소년들에게 딱 어울리는 형상 아닌가. 내가 탄생한 초창기에는 너도나도 먹고사는 일이 만만치 않았지만 어른들은 십시일반 마음을 모았지. 고사리손들은 운동장에 나뒹구는 돌덩이를 주워내었고, 복도 마루를 기름칠로 단장시켰네. 벚나무 목대는 졸업생 수가 늘어나는 만큼 몸집을 불렸다네. 교실로 이어지는 길에 분홍 꽃잎이 흩날리면 학생들 볼 역시 발그레해졌지. 그대들의 붉은 십 대가 교정 곳곳에 켜켜이 쌓여 있을 것이네.

모인다기에 손꼽아 기다려지더군. 평소엔 무료한 햇살이나 내리쬐고 바람은 쌩하니 돌아나가는 공터 같은 곳이지. 어제 어둠이 깔리기 전, 장정 서넛이 분주히 오가더니 텐트를 줄지어 쳐놓았다네. 덩달아 설레는 맘에 밤잠까지 설쳤지 뭔가. 오늘은 구수산이 밝기도 전부터 발걸음이 요란하더군. 반가운 마음에 애꿎은 국기 게양대를 세차게 흔들었는데, 보았는가. 그대들도 전국으로 흩어져 지내느라 자주 만나기가 쉽지 않았을 게야. 몸이 오기도 전에 손이 먼저 마중 나가는구먼. 몇 년 동안 세계적 전염병으로 숨죽였으니 만남이 더욱 기쁘지 않겠나. 생이란 휘어지고 무너지느라 기운이 방전되기 일쑤고, 온기를 어디선가 충전시켜야 버틸 수 있다지. 어린 날의 기억을 가진 벗과 술잔을 마주하거나 나고 자란 고향 땅을 밟는 순간이 그럴 때겠지. 굴곡진 삶이 남겨준 눈가 주름은 훈장인 양 늘렸고 빼곡하게 돋았던 머리카락도 어느새 바닥이 드러났지만, 텐트마다 목젖 보이도록 웃는 소리가 듣기 좋은 노랫가락처럼 흘러나오네.

우리나라가 일본 통치에서 해방된 기념으로 해마다 8월 15일에 모였지. 처음에는 리대항 축구대회였어. 동네 이름을 걸고 마을 잔치를 벌였다네. 아낙들은 머리에 이고 사내들은 지게에 지고 먹거리를 가져오던 풍경이 눈에 선하구먼. 운동장 한편에선 전을 부치고, 다른 쪽에선 장어를 구어 내었어. 한여름 하루해는 떨어져 지내던 피붙이와 동무들이 어깨를 걷고 마음을 나누기에 넉넉했다네. 행사 물건이 지게에서 경운기로, 다시 트럭으로 옮겨지는 동안, 뙤약볕 아래 청년 회원들의 이마에서 땀방울이 쏟아졌고 동문 선후배의 등허리를 흥건하게 적셨다네.

올해에는 땡볕을 피해 보리 이삭이 익기도 전에 동문회가 열렸네. 날짜가 변경되기까지 설왕설래 의견이 분분했다지. 광복절 전후로 행사를 치르는 것이 오랜 전통이고 사람들 뇌리에 박혀서 참석률도 높으리라는 쪽과 이상기온 시대라 참여자들이 더위에 몹시 지치더라는 견해가 팽팽하게 맞섰지. 축구, 배구, 족구, 계주 달리기가 주 종목이었는데 박 터트리기, 초청 가수 공연, 장기 자랑으로 일정이 바뀌는 항목에선 '운동 경기를 없애면 응원전도 없어져 한데 뭉치던 마음들이 맥 빠진다'는 목소리도 일리가 있고, 약봉지가 늘어 가는 나이 든 참가자 중에서 '운동장을 누빌 선수를 뽑아내기가 어려워졌다'라는 견해는 지극히 현실적이네.

    양쪽 주장에 귀 기울이다 보니 떠오르는 이들이 있네. 소매 끝동에 레이스를 매달고 체크무늬로 저고리와 바지를 짓는 김영진 한복 디자이너야. 자신이 디자인한 한복은 전통이 아니라며 불편하게 바라보는 시각에 대해 "한복은 시대마다 변해 왔고 패션은 혁신이 필요하다."고 목소리를 높이네. 수요가 줄어 원단의 종류가 많지 않은 현실에서 다양한 소재를 접목시키면 현대적으로 재해석한 한복을 얻을 수 있다고 말하네. 한복이란 어딘가에 박제해 걸어두는 물건이 아니라 몸에 걸치고 길거리를 활보하는 옷이라는 것이지. 또 〈춘향전〉이나 〈별주부전〉처럼 전해 오는 판소리를 넘어 〈소리내력〉이나 〈똥바다〉라는 창작 판소리를 지어 부르는 임진택 소리꾼도 암울하던 시절 이야기를 소리의 힘으로 풀어

영광백수중학교 총동문회

내지. 전통이란 보존도 중요하고 새롭게 만들어 가는 것도 필요할 듯하네. 달라진 환경에 적응하는 전통이라야 역사로 이어지지 않을까 싶어.

    장학금을 전달하려나 보네. 학생들을 하나둘 불러내는구먼. 전교생이 열다섯. 그중 여섯 명이 대표로 나왔다네. 한 줄로 늘려 세워도 단상이 휑하구먼. 뛰어놀려 해도 겨우 풋살팀이나 꾸릴 수 있을는지 모르겠어. 익히 들어 알고 있을 게야. 전국적으로 잡풀이 제 세상인 양 기세를 떨치는 폐교가 늘어 간다는 것을. 나도 그 대열에 들 날이 머지않았겠지. 앞으로 몇 해나 아이들을 품을 수 있으려나. 전통을 논하며 역사를 잇대기엔 힘이 부치는 요즘이네.

    마지막 순서가 시작되었네. 미리 연습하지도 누가 시키지도 않았는데 앞사람 어깨에 손을 얹고 자연스레 또 다른 이가 손을 얹다 보니 순식간에 긴 행렬을 이루었네. 거듭 맨 뒤 사람의 등을 붙잡으니 줄이 둥근 원으로 바뀌네. 전통도 연달아 이어지면 좋으련만, 변하고 사라지는 것이 자연의 순리일 터. 기차가 달리듯 맴도는 발길에 속도가 붙나 봐. 영원히 이어질 것처럼 꼬리에 꼬리를 물고 돌아가네. 저녁 해도 산그림자를 남기며 덩실덩실 넘어간다네.

부록 _ 영광군 수필 기행

1일차

원불교 대각터 – 글 : 노을종이 울릴 때
영산성지 고등학교 – 글 : 본디 그러한 대로
법성포 – 글 : 굴비, 선유船遊, 사람이 온다
백제불교최초도래지 간다라유물관 – 글 : 한시랑뜰
한빛에너지팜 – 글 : 겉과 속
대신리 모시재배단지 – 글 : 빛을 빚다
백수해안도로 노을종 – 글: 노을종이 울릴 때
백수해안도로 – 글 : 소리자루
갈매기상 – 글 : 미尾
백수해안도로 모자바위, 거북바위 – 글 : 조새, 꿀쩍
동백마을(마파도촬영지) – 글 : 동백마을에 동백꽃이 피면
답동마을 석구미 – 글 : 미尾, 바다에 바닷물이 없네

2일차

대전리 우물 – 글 : 우물의 기억
영광백수중학교 – 글 : 잇다
공달네모싯잎송편 – 글 : 공달과 순금
상사리 한성마을 – 글 : 한성마을 음화陰畵
불갑천 – 글 : 불갑천
야월교회 기독교인순교기념관 – 글 : 씨, 그 이름만으로

두우리 염전 – 글 : 해주
야월리 1186- 1 – 글 : 금왕, 단풍갯벌에 들다
설도항 젓갈타운 – 글 : 물걸이
향화도항 칠산타워 – 글 : 향화도항
군남면 찰보리시배지 지내들 옹기공원 – 글 : 보리 바람
동간리 매간당 고택 – 글 : 수신修身의 방

3일차

영광산림박물관 압화 – 글 : 누름꽃
불갑사 – 글 : '차 한잔' 하라
불갑사 꽃무릇 – 글 : 꽃잎은 이울고
내산서원 – 글 : 기러기발에 달고 온 상소
영광S자메타세쿼이아길 – 글 : S의 行
불갑저수지수변공원 – 글 : 불갑천
묘량면 신천리 삼층 석탑 – 글 : 굄돌, 그 자리에
영광향교 – 글 : 집 아닌 집
영광군청 – 글 : 영광풍경도
영광매일시장 조기와 생고사리 – 글 : 이 글은 늙었다
종로떡집– 글 : 빚을 빚다

대신항 등대

노을 영광

1쇄 발행 2025년 10월 15일

글　　김희숙
사진　정상윤

펴낸이 김제구
펴낸곳 리즈앤북
표지디자인 김민주

출판등록 제2002-000447호
전화 02-332-4037　팩스 02-332-4031
이메일　ries0730@naver.com

값은 뒤표지에 있습니다.
ISBN 979-11-90742-58-3(03810)

이 책에 대한 무단 전재 및 복제를 금합니다.
파본은 구입하신 서점에서 교환해 드립니다.